Schwarze · Personal-Computer

# Personal-Computer

## Leitfaden für einen erfolgreichen Einsatz

von Prof. Dr. Jochen Schwarze

NWB

VERLAG NEUE WIRTSCHAFTS-BRIEFE
HERNE/BERLIN

*CIP-Kurztitelaufnahme der Deutschen Bibliothek*

*Schwarze, Jochen:*

Personal-Computer: Leitfaden für e. erfolgreichen Einsatz / von Jochen Schwarze. – Herne; Berlin: Verlag Neue Wirtschafts-Briefe, 1985. –

ISBN 3-482-56761-1

Verlag Neue Wirtschafts-Briefe GmbH, Herne/Berlin

ISBN 3-482-56761-1 — 1985



Druck: Griebsch GmbH, Hamm

# Vorwort

Das günstige Preis-Leistungs-Verhältnis kleinerer Computer - heute meist als Personal-Computer oder Mikrocomputer bezeichnet - hat dazu geführt, daß nunmehr auch für Klein- und Mittelbetriebe ein wirtschaftlicher EDV-Einsatz möglich ist. Aber auch in Großbetrieben und im privaten Bereich ist eine effiziente Nutzung möglich. Bei dem schnellen Fortschreiten der Entwicklung in der Informationsverarbeitung und den Kommunikationstechnologien werden Personal-Computer eine immer stärkere Verbreitung erfahren und bald von kaum einem Arbeitsplatz mehr wegzudenken sein. Die intensive Auseinandersetzung mit Personal-Computern und ihren Anwendungsmöglichkeiten sowie ihrem wirtschaftlichen Einsatz ist eine "Pflichtaufgabe für alle". Dabei geht es nicht um die Beschäftigung mit technischen Details, sondern um ein grundlegendes Verständnis über Aufbau, Arbeitsweise und Anwendungsbereiche von Personal-Computern. Das vorliegende Buch will dem Laien dieses grundlegende Verständnis vermitteln und Entscheidungshilfen für die Auswahl und die Einsatzplanung von Personal-Computern geben. Dabei wurde besonderer Wert auf Kriterien- bzw. Fragenkataloge gelegt, die die Beurteilung von Personal-Computern erleichtern können. Als Ergänzung zum Text sind im Glossar 200 Begriffe erläutert, die im Zusammenhang mit Personal-Computern häufig auftreten. Darüberhinaus soll das Stichwortverzeichnis die Verwendung des Leitfadens auch als Nachschlagewerk erleichtern.

Für ihre Unterstützung beim Korrekturlesen und für zahlreiche Verbesserungsvorschläge habe ich den Herren cand.inf. Dirk Engel und cand.inf. John-Harry Wieken sowie meinem Sohn Stephan zu danken. Besonders herzlich bin ich Frau Ing.grad. Renate Bennhardt für ihre Hilfe bei der Erstellung der Druckvorlagen verpflichtet.

Braunschweig, im Juni 1985 Jochen Schwarze

# Inhaltsverzeichnis

# 1. Was ist und was kann ein Personal-Computer?

## 1.1 Die Entwicklung der Computer zum Personal-Computer

In allen Gebieten technologischer und wirtschaftlicher Entwicklung gibt es wohl keinen Bereich, in dem die Entwicklung so schnell ist und Neuerungen in so kurzen Zeitabständen aufeinanderfolgen, wie im Bereich der Datenverarbeitung und Computer. Seit dem **ersten programmgesteuerten elektronischen Digitalrechner von Zuse (1941)** und dem ersten Einsatz eines Computers für kommerzielle Zwecke in den USA (1951, UNIVAC I) hat sich im Bereich der Datenverarbeitung und -speicherung eine immer schneller werdende Entwicklung vollzogen. Über die mit Röhren bestückten Computer der ersten Generation und die mit Transistoren und Kernspeichern anstelle von Röhren ausgerüsteten Computer der zweiten Generation (ca. ab 1955) kam man zur dritten und vierten Computergeneration mit integrierten Schaltkreisen (ab 1962) und Mikroprozessoren (ab 1970).

Der technische Fortschritt in der Halbleitertechnik und der Mikroelektronik und die diesem Entwicklungsstand entsprechenden Produktionsverfahren (Herstellung von gedruckten Schaltungen, Mikrochips usw.) haben dazu geführt, daß Computer bei zunehmender Leistungsfähigkeit immer kompakter geworden sind. Eine nähere Betrachtung der zur Zeit angebotenen Datenverarbeitungs- und -speicherungsgeräte offenbart ein Preis-Leistungs-Verhältnis, das einen wirtschaftlichen bzw. finanziell verkraftbaren Einsatz von Computern in allen Bereichen von Wirtschaft und Verwaltung, aber auch im privaten Bereich ermöglicht. Das gilt auch für den gesamten Bereich der Textverarbeitung und der Kommunikation.

Am auffälligsten dokumentiert sich diese Entwicklung heute in dem kaum noch überschaubaren Angebot an kleinen Computern, für die sich unterschiedliche Bezeichnungen finden:

- Personal-Computer (PC)
- Arbeitsplatz-Computer
- Büro-Computer
- Mini-Computer
- Mikro-Computer (MC)
- Tischcomputer
- Kompaktcomputer
- Geschäftscomputer.

Diese Begriffe werden zum Teil synonym gebraucht, zum Teil werden damit aber auch unterschiedlich große Geräte bezeichnet. Dazu muß festgestellt werden, daß es bei Computern keine festen Größenklassen gibt und daß vom programmierbaren Taschenrechner bis zum Großcomputer fließende Übergänge existieren.

Im Hinblick auf betriebliche Nutzungen sind auch

- Koffercomputer und
- Hand-Held-Computer

zu erwähnen, mit denen kleinere, leicht zu transportierende und meist netzunabhängige Geräte gemeint sind.

In den folgenden Ausführungen werden die Begriffe **Personal-Computer** (PC) und **Mikro-Computer** synonym für kleine kompakte Computer verwendet.

Durch die bei den Personal-Computern angebotene große **Datenverarbeitungskapazität zu niedrigen Kosten** wurde eine Fülle neuer betrieblicher Anwendungsmöglichkeiten erschlossen, und zwar vor allem in Mittel- und Kleinbetrieben.

Auf die sich im privaten Bereich bietenden Möglichkeiten von Home-Computern soll hier nicht im einzelnen eingegangen werden. Es ist jedoch festzuhalten, daß die Grenzen zwischen Personal-Computern und Home-Computern fließend sind und letztere vielfach auch kommerzielle Anwendungen befriedigend bewältigen können.

Die zunehmende Verbreitung der Personal-Computer stellt aber eher erst den Anfang als den Höhepunkt einer Entwicklung dar, die zu einer integrierten Bürokommunikation und Kommunikationsnetzen tendiert. **Personal-Computer werden zum wichtigsten arbeitsplatzbezogenen Hilfsmittel** der Zukunft avancieren, wobei sie über Rechnerverbundnetze Zugriff zu zentralen

Datenbanken, Softwarebanken sowie Informations- und Kommunikationsdiensten (z.B. Btx) haben werden.

Unzureichende Aus- und Weiterbildung und fehlende oder unvollkommene Information über die neuen Technologien und ihre Möglichkeiten haben hohe **Hemmschwellen** aufgebaut und große Akzeptanzprobleme geschaffen. In diesem Buch soll deshalb versucht werden, die betrieblichen Einsatzmöglichkeiten von Personal-Computern zu zeigen und Entscheidungshilfen für die Beantwortung der Frage "Kann ich einen PC wirtschaftlich einsetzen?" zu geben.

Dabei ist aber folgendes zu beachten:
Der **Personal-Computermarkt ist heute selbst für Experten kaum noch zu überschauen.** Es gibt weit über 100 Hersteller (z.T. werden Zahlen bis über 300 genannt), die in der Bundesrepublik Personal-Computer anbieten, und zwar oft mehrere Produkte. Noch weit unübersichtlicher ist der Softwaremarkt. Neben Computerherstellern und großen Softwarehäusern tummeln sich hier auch kleine und kleinste Firmen, sowie viele private Anbieter. Dabei ist dieser Markt in einer enormen Bewegung: durch ständiges Auftauchen neuer Firmen, Verschwinden alter Firmen (Aufgabe, Konkurs) usw.. In dem vorliegenden Rahmen ist es deshalb nicht möglich auf sämtliche Varianten und Spezialfälle einzugehen. Ebenso wenig können Details, insbesondere in technischer Hinsicht behandelt werden.

## 1.2 Was ist ein Personal-Computer?

Es soll hier zunächst versucht werden in knapper Form zu erläutern

- **was ein Personal-Computer ist** und
- **wie ein Personal-Computer aufgebaut ist.**

Ausführlich wird dann darauf im Kapitel 3 eingegangen.

Bei der auf dem Markt angebotenen Gerätevielfalt fällt es schwer, den **Begriff Personal-Computer** in wenigen Sätzen zu erläutern. Es sollen darunter Computer verstanden werden, die

- klein und leicht transportierbar, also an jedem Arbeitsplatz bequem aufzustellen sind,
- große Arbeitsspeicher und externe Speicher (Disketten o.a.) haben,

- Informationen über Bildschirm und Drucker ausgeben können,
- in einer höheren Programmiersprache programmierbar sind.

Taschenrechner, kleinere Tischcomputer und dgl. sollen nicht betrachtet werden.

Der Grundaufbau ist bei fast allen PC's ähnlich und zwar bestehen sie aus folgenden Komponenten:

**ZENTRALEINHEIT**

Die Zentraleinheit ist das "Gehirn" des Personal-Computers. Sie besteht aus einem

**Steuerwerk,** durch das alle internen und externen Abläufe des Rechners geregelt werden, dem

**Rechenwerk** für die Verarbeitung der Daten, dem

**Ein- und Ausgabewerk** für die Steuerung der Datenein- und Datenausgabe und dem

**Arbeitsspeicher** für Programme und Daten.

Die Abläufe in der Zentraleinheit werden durch das sogenannte **Betriebssystem** gesteuert. Hier muß darauf geachtet werden, daß auf dem Personal-Computer ein eingeführtes System eingesetzt werden kann (z.B. CP/M, MS-DOS), um auch handelsübliche Programme verwenden zu können.

Ob ein bestimmtes Anwendungsprogramm (z.B. Lohnbuchhaltung, Finanzbuchhaltung, Auftragsabwicklung) auf einem bestimmten PC eingesetzt werden kann, hängt nämlich weniger vom Gerät, seinem Aufbau und seinen technischen Eigenschaften ab, sondern im wesentlichen von dem für die Steuerung der Abläufe im Personal-Computer verwendeten Betriebssystem.

Beim Arbeitsspeicher des PC ist auf genügend Kapazität zu achten, damit auch umfangreichere Programme und größere Datenmengen mit kurzen Laufzeiten bearbeitet werden können. Entscheidend ist dabei die tatsächlich verfügbare Kapazität.

**EXTERNE SPEICHER**

Der Arbeitsspeicher enthält Programme oder Programmteile und Daten, die der Personal-Computer momentan braucht. Alle übrigen Programme und Daten werden, sofern sie nicht noch im Arbeitsspeicher Platz haben, in externen Speichern untergebracht. Dazu gehören:

**Disketten** (Floppy Disk), die es in verschiedenen Durchmessern und mit unterschiedlicher Kapazität gibt. Grundsätzlich sollten für einen betrieblichen Einsatz nur Diskettengeräte mit zwei Laufwerken gewählt werden, um z.B. problemlos Sicherheitskopien von Datenbeständen anfertigen zu können.

**Festplatten** (Winchesterplatten), die im Gegensatz zu Disketten nicht auswechselbar sind, dafür aber eine wesentlich größere Kapazität haben und einen schnelleren Zugriff zu Daten und Programmen bieten als Disketten.

**Kassetten,** und zwar handelsübliche Kassetten, wie sie für Musikanlagen verwendet werden. Kassettengeräte sind allerdings für einen betrieblichen Einsatz ungeeignet, da der Datenaustausch zu langsam ist.

## EINGABE UND AUSGABE

Die **Eingabe** erfolgt im Regelfall über eine **Tastatur.** Diese sollte aus ergonomischen Gründen frei beweglich sein. Der Zeichenvorrat und die Tastenanordnung sollten DIN-Vorschriften entsprechen. Die Eingabe von Daten kann aber auch mit Hilfe eines sogenannten **Akustikkopplers** per Telefon erfolgen. Ferner ist auf Datenfernübertragung, Lichtgriffel (vielfach schon an Ladenkassen anzutreffen), Graphik-Tablett und Belegleser hinzuweisen.

Für die **Ausgabe** sollte immer ein **Bildschirm** (Monitor) zur Verfügung stehen.

Tastatur, Bildschirm und (die nicht sichtbare) Zentraleinheit bilden das Kernstück eines Personal-Computers. Für die Eingabe hat dabei der Bildschirm die wichtige Funktion eine sichtbare Kontrolle der über die Tastatur eingegebenen Daten zu ermöglichen.

Wichtigstes Ausgabemedium sind **Drucker.** Sie werden heute in großer Vielfalt angeboten.

**Nadel- oder Matrixdrucker** erzeugen Schriftzeichen aus einzelnen Punkten. Das Schriftbild ist dadurch nicht optimal, aber es können hohe Druckgeschwindigkeiten erzielt werden, und es besteht die Möglichkeit eigene Zeichen zu definieren.

**Typenraddrucker** erzeugen Schriftbilder wie Schreibmaschinen, sind aber langsamer.

**Laser- und Tintenstrahldrucker** erreichen hohe Druckgeschwindigkeiten bei guter Schriftbildqualität.

Neben Bildschirm und Drucker können Geräte zur Herstellung von Graphiken angeschlossen werden. So werden seit einiger Zeit z.B. **Plotter** (Zeichengeräte) angeboten, die Graphiken mit bis zu acht Farben anfertigen können.

Bei der Installation eines Personal-Computers spielt auch eine Rolle, ob er als isoliert arbeitendes Gerät (**Einplatzsystem**) eingesetzt oder ob mehrere Geräte zu einem sogenannten **Mehrplatzsystem** vernetzt werden sollen. Darüber hinaus bietet sich die Möglichkeit, Personal-Computer in größere Rechnerverbundnetze zu integrieren oder sie als intelligente Terminals für Großrechner zu verwenden.

Zu den ersten Überlegungen im Hinblick auf einen möglichen Personal-Computer-Einsatz im Betrieb gehört in allen Fällen eine Beschäftigung mit dem Aufbau eines Personal-Computers und mit seiner Leistungsfähigkeit. Dabei sollten weniger technische Details im Vordergrund stehen, sondern mehr das Verständnis der wesentlichen Eigenschaften und Leistungsmerkmale, die für eine betriebliche Nutzung eine Rolle spielen.

## 1.3 Einige grundlegende Begriffe

Einige Begriffe, die für die Beschäftigung mit Personal-Computern und ihren Einsatzmöglichkeiten wichtig sind, wurden schon im vorhergehenden Abschnitt behandelt:

- Personal-Computer und Synonyme für diesen Begriff
- Zentraleinheit als "Gehirn" des PC mit Steuerwerk, Rechenwerk und Haupt- bzw. Arbeitsspeicher
- Betriebssystem
- Diskette
- Festplatte oder Winchesterplatte
- Bildschirm und Tastatur.

Für die folgenden Ausführungen ist es nützlich, einige weitere Begriffe, die häufiger benutzt werden, hier kurz zu erläutern:

**Hardware** ist der Oberbegriff für alles technische Gerät, das zum Personal-Computer gehört bzw. an ihn angeschlossen werden kann (Zentraleinheit, Bildschirm, Tastatur, Drucker, Diskettenlaufwerk usw.). Auf Hardware wird in Kapitel 3 eingegangen.

**Software** ist der Oberbegriff für die in einen Computer einzugebenden Programme (Befehlsfolgen), mit denen die Datenverarbeitungsabläufe im Computer gesteuert bzw. geregelt werden. Kriterien für die Softwareauswahl werden im vierten Kapitel besprochen.

**Bit** ist die Kurzform für "**bi**nary digi**t**", zu deutsch: "Binärziffer". Eine Binärziffer kann nur zwei Werte annehmen und zwar 0 oder 1 (plus oder minus, ein oder aus, wahr oder falsch). Alle Daten bzw. Informationen werden im Computer als bits dargestellt. Der Grund dafür ist die Tatsache, daß maschinenintern über elektrische Schaltungen nur zwei Zustände darstellbar sind.

**Byte** ist eine zusammengehörige Folge von bits. Im Regelfall werden 8 bits zu einem Byte zusammengefaßt. Buchstaben, Zahlen und Sonderzeichen werden im Computer meist als ein Byte gespeichert. Mit einem aus 8 bits bestehenden Byte sind insgesamt 256 ($=2^8$) verschiedene Zeichen darstellbar.
Speicherkapazitäten von Computern werden in Byte angegeben. Dabei gilt:
1 **Kilobyte (KB)** = 1024 Byte und
1 **Megabyte (MB)** = 1024 KB = 1048576 Byte.

Man beachte, daß ein Kilobyte nicht 1000 Byte, sondern 1024 Byte sind. Das liegt daran, daß aufgrund der Verwendung von Binärziffern zur rechnerinternen Darstellung von Daten und Informationen die Potenzen der Zahl 2 eine herausragende Bedeutung spielen. Es ist $1024 = 2^{10}$.

## 1.4 Was kann ein Personal-Computer?

Die Größe - oder besser gesagt die Kleinheit - heutiger Personal-Computer darf nicht darüber hinwegtäuschen, daß es sich um voll leistungsfähige Computer handelt, mit denen prinzipiell die gleichen Aufgaben und Probleme bewältigt werden können, wie mit einer Groß-EDV-Anlage. Gut ausgestattete Personal-Computer übertreffen heute durchaus die Leistung einer Groß-EDV-Anlage von vor 15 bis 20 Jahren.

Für den heutigen Stand der Entwicklung ist charakteristisch, daß durch die Kompaktheit der Geräte und ihr hohes Leistungsvermögen bei niedrigem Preis die Voraussetzungen geschaffen wurden, elektronische Datenverarbeitung auch in Klein- und Mittelbetrieben wirtschaftlich einsetzen zu können.

Was kann nun ein Personal-Computer in einem Betrieb leisten?

**Prinzipiell ist es heute möglich alle betrieblichen Aufgaben, bei denen Daten bzw. Informationen verarbeitet oder gespeichert werden müssen, auf einen PC zu übertragen.**

Allerdings müssen die **Daten bzw. Informationen** dazu so **strukturierbar** sein, daß sie in einen Computer eingegeben werden können und damit einer maschinellen Verarbeitung zugänglich werden und
es müssen die **Datenverarbeitungsabläufe eindeutig** sein und so systematisiert werden können, daß die Verarbeitungsschritte in Computerbefehle umgesetzt werden können.

Personal-Computer können beispielsweise folgende Aufgaben in einem Betrieb wirkungsvoll unterstützen:

- Verwaltung von Personalstammdaten und **Lohn- und Gehaltsbuchhaltung** mit allen Neben- und Zusatzarbeiten
- **Finanzbuchhaltung** mit Kontenverwaltung
- **Rechnungsschreibung** mit Überwachung des Zahlungseingangs und automatischem **Mahnwesen**
- Führung von **Kundendateien**
- **Kostenrechnung** und Kalkulation
- **Materialwirtschaft** mit Lagerüberwachung, Bestellabwicklung und Materialbuchhaltung
- **Jahresabschluß** mit allen damit verbundenen Arbeiten
- Ermittlung **betriebswirtschaftlicher Kennzahlen** und deren übersichtliche tabellarische und graphische Darstellung.

Der Personal-Computer kann aber auch sehr wirkungsvoll für Aufgaben im Zusammenhang mit der **Verarbeitung von Texten** eingesetzt werden. Heute gibt es für fast jeden Personal-Computer Textverarbeitungsprogramme, mit denen beispielsweise folgendes möglich ist:

- Schreiben individueller **Briefe durch Verwendung standardisierter Textbausteine**
- Schreiben **individueller Kundenbriefe** (Standardtexte mit individuellen Daten bzw. Angaben)
- Schreiben von Angeboten.

Anders betrachtet können Personal-Computer - gerade auch in Klein- und Mittelbetrieben - zu einer Rationalisierung des Büro- und Verwaltungsbereiches führen durch

- **Verwaltung von Datenbeständen** mit der Möglichkeit, Daten schnell und übersichtlich abzurufen und wirtschaftlich zu aktualisieren,
- **Erledigung häufig auftretender Büroarbeiten,** die über den Computer schneller und zuverlässiger abgewickelt werden können, und
- **Textverarbeitung.**

Von den **betriebswirtschaftlichen Effekten** her kann ein Personal-Computer generell folgendes leisten:

- **Verbesserung der Wirtschaftlichkeit**
- **Kostensenkung**
- **Erhöhung der Betriebsbereitschaft** durch z.B. schnellere Auftragsabwicklung, verbesserte Materialwirtschaft, zuverlässigere Kalkulationen und Buchhaltung
- Bereitstellung **schnellerer und übersichtlicherer Informationen** über den Betrieb
- **Reduzierung der Fehler.**

Die Möglichkeiten des PC-Einsatzes sind heute so vielfältig, daß sie hier auch nicht annähernd vollständig behandelt werden können. Ausführlicher wird darauf noch im nachfolgenden Kapitel 2 eingegangen.

Der Einsatz eines Personal-Computers im Büro- und Verwaltungsbereich eines Betriebes ist jedoch nicht nur mit Vorteilen verbunden. Es gibt auch einige **nachteilige Gesichtspunkte:**

- Der Einsatz von Personal-Computern ist mit zum Teil erheblichem **organisatorischen Aufwand** verbunden, da der Aufbau von Dateien und die Arbeitsabläufe den technischen Erfordernissen eines Computers angepaßt werden müssen.
- Der Computereinsatz erfordert **eindeutige Arbeitsabläufe** und einen klar strukturierten Aufbau aller Dateien (einschließlich eines übersichtlichen Schlüsselsystems).
- Der Umgang mit einem Personal-Computer erfordert (heute noch) ein gewisses Training und insbesondere eine Bereitschaft mit einem solchen Gerät überhaupt umzugehen. **Hohe Hemmschwellen** und **niedrige Akzeptanzbereitschaft** der Mitarbeiter in vielen Betrieben führen oft dazu, daß ein Computereinsatz nicht möglich oder unwirtschaftlich wird.

- Die **Abhängigkeit** des Betriebes **von einem Computer** wächst mit der Anzahl der Arbeiten, die über den Computer abgewickelt werden. Bei Defekten kann das, sofern nicht ein Ersatzgerät kurzfristig verfügbar ist, zu erheblichen Problemen führen.

## 1.5 Grundsätzliches zur Leistungsfähigkeit eines Personal-Computers und deren Beurteilung

Die Entscheidung für (oder gegen) einen betrieblichen PC-Einsatz ist ein vielschichtiges Problem, das besonders durch den schnellen technischen Fortschritt und den unübersichtlichen Markt schwierig wird. Der nachfolgende Überblick gibt eine Einführung in die Probleme und Bereiche, auf die dann in den Kapiteln 3 bis 7 im einzelnen eingegangen wird. Dabei wurde bereits oben deutlich, daß die Beurteilung eines Mikrocomputers nur über ein breites Spektrum von Kriterien und Merkmalen möglich ist und nicht nur das Gerät alleine betrachtet werden darf. Bei der Auswahl spielen vor allem folgende Bereiche eine Rolle:

- Technische Eigenschaften der Hardware (Kapitel 3)
- Bearbeitungsumfang, Verarbeitungsgeschwindigkeit und Zuverlässigkeit der Software (Kapitel 4)
- Qualität des Lieferanten (Kapitel 7)
- Ausbildungsstand und Akzeptanzbereitschaft der Mitarbeiter.

Es ist aber zu beachten, daß sich für die Beurteilung der Leistungsfähigkeit eines Personal-Computers keine allgemeingültigen Kriterien aufstellen lassen. Die folgenden Grundsätze für die Prüfung des Einsatzes eines Personal-Computers sollten jedoch immer beachtet werden:

- Die Beurteilung der Leistungsfähigkeit sollte immer im Hinblick auf einen vorgesehenen Einsatz erfolgen.
- Für die Beurteilung der Leistungsfähigkeit sind Hardware (Gerät) und Software (das/oder die Programm(e)) als eine Einheit anzusehen.
- Die Leistungsfähigkeit eines Personal-Computers hängt von der Leistung seiner einzelnen Komponenten ab. Dabei spielt auch die Benutzerfreundlichkeit eine Rolle.

- Die Leistungsfähigkeit sollte nicht nur auf Grund von Hersteller- oder Händlerangaben festgestellt werden, sondern man sollte sich davon durch einen Probebetrieb überzeugen.

Wichtige **Leistungskriterien** eines Personal-Computers sind:

**HARDWARE**

- Kapazität des Arbeits- oder Hauptspeichers. Wieviel ist tatsächlich verfügbar? Ist eine spätere Erweiterung möglich?
- Sicherheit: Sind Daten und Programme gegen einen plötzlichen Stromausfall geschützt?
- Welche externen Speicher stehen zur Verfügung? Wie hoch ist deren Kapazität, mit welchen Zugriffszeiten muß gerechnet werden? Wie sicher sind die Speicher gegen unbefugten Zugriff?
- Welche Eingabemöglichkeiten für Programme und Daten gibt es? Wie schnell und sicher arbeiten die Eingabegeräte?
- Welche Auflösung hat der Bildschirm, und läßt er mehrfarbige Darstellungen zu?
- Welche Geschwindigkeit, welches Schriftbild und welche Papierzuführungsmöglichkeiten (Endlospapier, Einzelblatt) gibt es beim Drucker?
- Welche sonstigen Ausgabemöglichkeiten gibt es, wie vielseitig und zuverlässig sind diese (z.B. Plotter ein- und mehrfarbig)?

**SOFTWARE**

- Der Personal-Computer wird erst durch sogenannte **Systemsoftware** zu einem arbeitsfähigen Gerät. Dazu gehört das Betriebssystem, das die zentrale Steuerung des Computers übernimmt. Hier spielt der Verbreitungsgrad (s.o.) eine Rolle.
  Eine Rolle für die Leistungsfähigkeit können auch Übersetzungsprogramme (Compiler) spielen, durch die der Einsatz höherer Programmiersprachen möglich wird.
- Bei der **Anwendersoftware** ist zu prüfen, welche Aufgaben bearbeitet werden können und ob alle Sonderfälle berücksichtigt sind.

- Die Leistungsfähigkeit der Anwendersoftware hängt aber auch von der Benutzerführung, Handbüchern und Dokumentation, Verarbeitungsgeschwindigkeit, Fehlergefahr und Korrekturmöglichkeiten ab.
- Es ist **schließlich** bei der Anwendersoftware zu prüfen, ob alle anfallenden Daten verarbeitet werden können und **ob Reservekapazitäten** vorhanden sind.
- Wichtig ist auch eine leichte Aktualisierungsmöglichkeit (z.B. bei Steuertarif- oder Lohnänderungen).
- Schließlich ist auch auf den Reifegrad eines Programms hinzuweisen. Wieviel Installationen sind bereits erfolgreich durchgeführt? Welche Referenzen können gegeben werden?

## LIEFERANTEN

Die Leistung eines Personal-Computers hängt schließlich auch von der Leistungsfähigkeit des Hardware-Herstellers und des Hard- und Softwarelieferanten ab.

Für den Anwender stellt sich hier ein außerordentlich schwieriges Problem, denn Personal-Computer werden über sehr unterschiedliche Vertriebswege vermarktet. Neben dem traditionellen Bürofachhandel und dem Direktvertrieb werden Personal-Computer über Software- und Systemhäuser, Computershops, Radio- bzw. Fernsehfachhandel, Fotofachhandel, Kaufhäuser/Versandhäuser angeboten. Die **Lieferantenauswahl erfordert** deshalb meistens **einigen Aufwand.**

Bei der Beurteilung der Leistungsfähigkeit eines Lieferanten sind folgende **Kriterien** heranzuziehen:

- Erfahrungen,
- Beratungsdienst,
- Service und Kundendienst,
- Fachpersonal,
- Entfernung.

Gegebenenfalls sollten Referenzen gefordert werden.

## AUSBILDUNGSSTAND DER MITARBEITER

- Es wird immer wieder übersehen, daß die Leistungsfähigkeit eines Personal-Computers auch von den Ausbildungsvoraussetzungen und dem Ausbildungsstand der eigenen Mitarbeiter abhängt.

- Kann der Benutzer die Möglichkeiten des Personal-Computers wirklich nutzen?
- In welchem Umfang ist Ausbildung bzw. Training erforderlich?

# 2. Möglichkeiten und Anwendungsbereiche von Personal-Computern

## 2.1 Allgemeine Gründe für einen Personal-Computer-Einsatz

Für einen betrieblichen Einsatz von Personal-Computern gibt es eine Vielzahl von Gründen. In diesem Abschnitt werden zunächst einige allgemeine Gesichtspunkte aufgeführt, die für einen PC-Einsatz sprechen.

- **Vielseitige Einsatzmöglichkeiten durch anpassungsfähige Geräte**
  Das Angebot an Personal-Computern ist heute so vielfältig, daß für nahezu sämtliche möglichen Einsatzzwecke geeignete Geräte verfügbar sind. Zentraleinheiten gibt es in verschiedenen Ausbaustufen, an die dann jeweils die Ein- und Ausgabegeräte angeschlossen werden können, die für den speziellen Einsatzzweck am besten geeignet sind.

- **Bedarfsgerechte Rechnerkapazität zu günstigem Preis und einfacher Handhabung**
  Im Vergleich zu ihrer Leistungsfähigkeit sind Personal-Computer heute billig. Hinzukommt, daß ihre Handhabung sehr leicht auch für einen Laien erlernbar ist.

- **Unabhängige Rechnerkapazitäten am Arbeitsplatz mit folgenden Vorzügen:**
  - arbeitsplatzbezogene Programme können jederzeit gefahren werden, ohne daß Verzögerungen, wie sie bei Großrechnern meist üblich sind, in Kauf genommen werden müssen;
  - sofortige Verarbeitungs- und Abfragemöglichkeiten;

- Anpassung an individuelle Bedürfnisse, und zwar sowohl in den Programmen als auch in der Maschinenkonfiguration.

- **Datenverarbeitungs-Kapazitäten frei von Platz- und Raumproblemen**
  Personal-Computer sind kleine kompakte Geräte, die nur geringen Raumbedarf haben. Darüberhinaus stellen sie fast keine Anforderungen an die Umgebung (keine Klimaanlage usw.). Ihre Aufstellung ist also an keine besonderen Anforderungen gebunden.

- **Bearbeitung von Sonder- und Spezialproblemen durch leichte Programmierbarkeit**
  Sofern der Benutzer eine auf dem Personal-Computer verwendbare Programmiersprache beherrscht, ist es verhältnismäßig leicht möglich, besondere (einmalige) Aufgaben mit einem Personal-Computer zu bewältigen, indem dafür spezielle Programme geschrieben werden.

- **Datenverarbeitung auch für kleine Betriebe**
  Der niedrige Preis und die einfache Handhabung von Personal-Computern schaffen auch für kleinste Betriebe die Möglichkeit, sich die Vorzüge eines Computers wirtschaftlich nutzbar zu machen.

- **Geringe Hemmschwellen**
  Die Kompaktheit der Geräte, die geringen Anforderungen an die Umgebung und die verhältnismäßig einfache Handhabung haben dazu geführt, daß beim Einsatz von Personal-Computern die enormen Hemmschwellen, wie sie gegenüber Groß-EDV-Anlagen bestanden und noch bestehen, nicht existieren.

Durch Personal-Computer kann die bestehende Datenverarbeitung

- wirtschaftlicher
- flexibler
- benutzerfreundlicher und
- sicherer

gemacht werden.

## 2.2 Welche betrieblichen Aufgaben kann ein Personal-Computer übernehmen?

Personal-Computer können in einem Betrieb sehr unterschiedliche Aufgaben übernehmen. Der folgende Überblick berücksichtigt auch die Möglichkeiten, die sich in einem großen Betrieb bieten.

a) **Textverarbeitung**
Für die meisten Personal-Computer gibt es heute leistungsfähige Textverarbeitungsprogramme, die zu einer wesentlichen Effizienzsteigerung des gesamten Schreibdienstes führen. Vor allem die Verwendung von Textbausteinen und leichte Korrekturmöglichkeiten sind hier zu erwähnen.

b) **Dezentrale Datenerfassung**
Mikrocomputer ermöglichen eine **bequeme Erfassung von Daten am Arbeitsplatz,** verbunden mit der Möglichkeit zur Vorverarbeitung und Verdichtung dieser Daten. Diese kann indirekt durch Erfassung auf transportablen Datenträgern geschehen (z.B. auf Disketten) oder direkt mit einem in ein Rechnernetz integrierten Personal-Computer oder z.B. über Telefonleitung durch Verwendung von Akustikkopplern. Das letztere Verfahren findet beispielsweise schon beim Einsatz von Reisenden Verwendung. Die **Reisenden** werden **mit tragbaren Computern** im Aktenkofferformat (oder kleiner) ausgerüstet (sogenannte Hand-Held-Computer). Der Rechner gibt dem Reisenden die gespeicherten Kundeninformationen (Anschrift, bisherige Aufträge, Kundenwünsche). Die Kundenaufträge und -anfragen werden in den Rechner "vor Ort" eingegeben. Abends werden die hereingeholten Kundenaufträge und -anfragen per Akustikkoppler und Telefonleitung in die Zentrale und den dort befindlichen Zentralrechner zur weiteren Bearbeitung überspielt. Auf die gleiche Weise können neue Anweisungen für Kundenbesuche in den tragbaren Computer des Reisenden von der Zentrale eingespeist werden.

c) **Arbeitsplatzbezogene DV-Aufgaben**
Personal-Computer können für eine Vielzahl von arbeitsplatzbezogenen DV-Aufgaben eingesetzt werden. Dazu gehören beispielsweise Dateiverwaltung, Materialdisposition, Kalkulation etc. Vorteilhaft ist dabei der jederzeit mögliche direkte Zugang zum Gerät. Die Installation am Arbeitsplatz erlaubt maßgeschneiderte

Software und eine im Detail abgestimmte aufgabengerechte Peripherie.

d) **Bearbeitung von Spezialaufgaben**
In einigen Betriebsbereichen (z.B. Stabstellen) fallen wechselnde Spezialaufgaben an, für die keine fertige Software vorhanden ist. Durch die leichte Handhabung und Programmierbarkeit, die Verfügbarkeit am Arbeitsplatz und die Unabhängigkeit von der Abwicklung anderer DV-Aufgaben stellen Personal-Computer hier ein sehr vielseitiges Hilfsmittel dar.

e) **Einsatz als intelligentes Terminal**
Viele der auf dem Markt angebotenen Personal-Computer bieten heute die technischen Voraussetzungen für einen **Anschluß an einen Großrechner.** Sie können dann für diesen Rechner als Terminal genutzt werden, aber auch unabhängig vom Großrechner DV-Aufgaben übernehmen. Damit wird der Personal-Computer zum intelligenten Terminal. Das bietet den zusätzlichen Vorzug, daß schnell und bequem auf zentral vorgehaltene Datenbestände zugegriffen werden kann, und daß zentral verwaltete Programme leicht zugänglich sind. Außerdem wird dadurch die Kommunikation mit anderen Personal-Computern möglich.

f) **Ein- und Ausgabestation für neue Kommunikationstechniken**
Personal-Computer eigenen sich auch für einen **Anschluß an Datenfernübertragung** und können damit in die, erst im Aufbau befindlichen, neuen Informations- und Kommunikationstechniken (BTX usw.) einbezogen werden.

Mit Personal-Computern ist es auch möglich über (öffentliche) Datenleitungen Zugang zu öffentlichen Datenbanken zu finden. Diese Datenbanken enthalten Daten und Informationen aus den verschiedensten Bereichen, die dann vom Betrieb direkt abgerufen werden können.

Für Klein- und Mittelbetriebe sind vor allem die unter c), d) und f) beschriebenen Aufgabenbereiche von Interesse. Darüberhinaus sollten kleinere Betriebe aber auch sehr sorgfältig die Möglichkeit der dezentralen Datenerfassung über kleine tragbare Computer prüfen (siehe b)).

Gleichgültig, wie ein Mikrocomputer funktionell im Betrieb eingesetzt wird, sollte immer von folgendem Grundsatz ausgegangen werden:

**Ein Personal-Computer sollte immer kommunikationsfähig sein.**

Zusammenfassend kann man feststellen, daß Mikrocomputer als

- Ersatz für Terminals einer Groß-EDV-Anlage,
- Zugangsmedium zu Informations- und Kommunikationsdiensten und
- eigenständiger Rechner

eingesetzt werden können.

## 2.3 Betriebliche Anwendungsbereiche von Personal-Computern

Durch Personal-Computer werden, wie in Abschnitt 1.4 bereits skizziert wurde, vor allem Klein- und Mittelbetrieben nicht nur rationellere und wirtschaftlichere, sondern auch **völlig neue Möglichkeiten der Informationsverarbeitung,** -überwachung und Informationsspeicherung eröffnet. Ihr Anwendungsfeld erstreckt sich über alle betrieblichen Ebenen und Funktionsbereiche, wie z.B.

- Rechnungswesen mit Buchhaltung, Kostenrechnung und Kalkulation, Betriebsabrechnung, kurzfristige Erfolgsrechnung, Jahresabschluß und Finanzplanung;
- Absatz und Marketing mit Absatzplanung, Marktanalysen verschiedenster Form, Absatzprognosen;
- Produktions- und Programmplanung, Produktionssteuerung, NC-gesteuerte Maschinen und Roboter;
- Konstruktion mit Durchführung konstruktiver Berechnungen und Entwürfe (CAD);
- Beschaffung und Materialwirtschaft mit Bestellmengenermittlung, Materialverwaltung einschließlich Lagerverwaltung;
- Personalwesen mit Personalinformations- oder -verwaltungssystemen und Abrechnungssystemen.

Im Rahmen dieses Leitfadens ist es nicht möglich auf alle betrieblichen Anwendungsmöglichkeiten von Personal-Computern einzugehen. Die ausführliche Beschreibung jeder einzelnen Anwendungsmöglichkeit würde ein eigenes Büchlein erfordern.

Inzwischen wird für fast jede betriebliche Aufgabe und für fast alle Branchen Software für einen Personal-Computer-Einsatz angeboten. Diese Programme können in folgende Gruppen gegliedert werden:

- **Branchenneutrale Programme** für die Bewältigung betrieblicher Grundaufgaben.
- **Branchenspezifische Programme,** mit denen die besonderen Aufgaben einzelner Branchen bearbeitet werden können.
- Technische oder wissenschaftliche **Spezialprogramme.**

Die folgende Auflistung gibt einen Überblick, auf welche Bereiche bzw. Branchen sich inzwischen das Marktangebot erstreckt, ohne daß dabei Anspruch auf Vollständigkeit erhoben werden kann. Zu Einzelheiten sei der Leser vor allem auf folgende im Literaturverzeichnis aufgeführten Bücher verwiesen:
Markt & Technik: Softwareauswahl leicht gemacht;
ISIS Personal-Computer-Report.

**Branchenneutrale Anwendungen**

- Adressverwaltung
- Arbeitszeiterfassung
- Auftragsbearbeitung
- Betriebsabrechnung
- Datenbanken
- Einkommensteuerberechnung
- Finanzbuchhaltung
- Finanzplanung
- Lagerverwaltung
- Lohn- und Gehaltsabrechnung
- Marketing und Marktforschung
- Materialwirtschaft
- Planung und Budgetierung
- Rechnungsschreibung
- Rechnungswesen (Gesamtprogramme)
- Rentenberechnung
- Tabellenkalkulation
- Textverarbeitung
- Vertrieb
- Werbung
- Wirtschaftlichkeitsberechnungen

**Branchenspezifische Anwendungen**

- Ärzte
- Apotheken
- Baugewerbe
- Börse

- Dentallabors
- Einzelhandel
- Film- und Videoverleih
- Forstwirtschaft
- Gastronomie
- Graphisches Gewerbe
- Großhandel
- Handelsvertreter
- Handwerksbetriebe
- Hausverwaltungen
- Immobilienmakler
- Industrie
- Landwirtschaft
- Rechtsanwälte
- Schulen
- Textilien und Teppiche
- Tierärzte
- Verbände und Vereine
- Verkehrswesen
- Verlage
- Versicherungsagenten
- Warentermingeschäfte

**Technische und wissenschaftliche Spezialanwendungen**

- Statistik bzw. statistische Auswertungen
- Graphische Datenverarbeitung
- Zeitreihenanalyse
- Prognoseverfahren
- Mathematische Berechnungen
- Meßdatenerfassung und Verarbeitung
- Spezialprogramme für das Bauwesen (Vermessung, Statik, usw.)
- Heizungs-, Wärme-, Klimatechnik
- Elektrotechnik
- Elektronik
- CAD/CAM
- CNC.

# 3. Hardware und Hardwarebeurteilung

## 3.1 Überblick über Hardwareaufbau und Hardwarekomponenten

Zur Einführung in die nachfolgenden Ausführungen wird zunächst noch einmal in Kurzform beschrieben, wie ein Personal-Computer aufgebaut ist und aus welchen Komponenten er besteht.

- **Zentraleinheit.** Sie ist das Gehirn des Computers und steuert alle rechnerinternen Abläufe sowie die Ein- und Ausgabe und verarbeitet die Daten (vgl. Abschnitt 3.3).

- **Ein- und Ausgabe.** Um einen Personal-Computer nutzen zu können, müssen Daten, Texte und Programme in den Rechner eingegeben werden und die Verarbeitungsergebnisse für den Menschen wahrnehmbar (im allgemeinen sichtbar) ausgegeben werden. Dazu gehört als Grundausrüstung eines Personal-Computers ein Bildschirm und eine Tastatur. Dazu kommen verschiedene zusätzliche Ein- und Ausgabegeräte, insbesondere Drucker (vgl. Abschnitte 3.6 bis 3.8).

- **Externe Speicher.** Der Haupt- bzw. Arbeitsspeicher eines Personal-Computers reicht von der Kapazität, aber z.B. auch von der Datensicherheit her im Regelfall für betriebliche Anwendungen nicht aus. Durch Anschluß von Diskettenlaufwerken und anderen externen Speichern kann der Personal-Computer auch umfangreiche Programme und Daten verarbeiten und speichern (Abschnitt 3.5).

- **Verbund- bzw. Vernetzungsmöglichkeiten.** Personal-Computer können in unterschiedlichen Konfigurationen im Betrieb eingesetzt werden. Das betrifft nicht nur die verschiedenen

Möglichkeiten zum Anschluß peripherer Geräte, sondern auch den Zusammenschluß von Personal-Computern und ihren Anschluß an Großrechner als **intelligente Terminals.** Bei ausschließlicher Verwendung von Personal-Computern sind drei Einsatzmöglichkeiten denkbar (Einplatzsystem, Mehrplatzsystem, Rechnerverbund), die durch die folgenden Skizzen veranschaulicht sind (vgl. hierzu Abschnitt 3.9).

**Einplatzsystem**

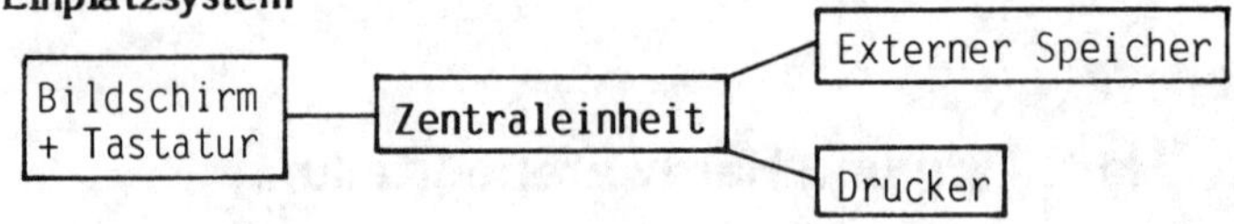


**Mehrplatzsystem**

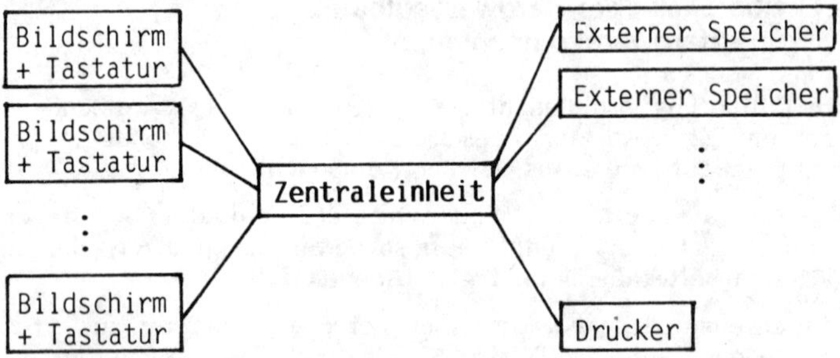


**Netzwerk**

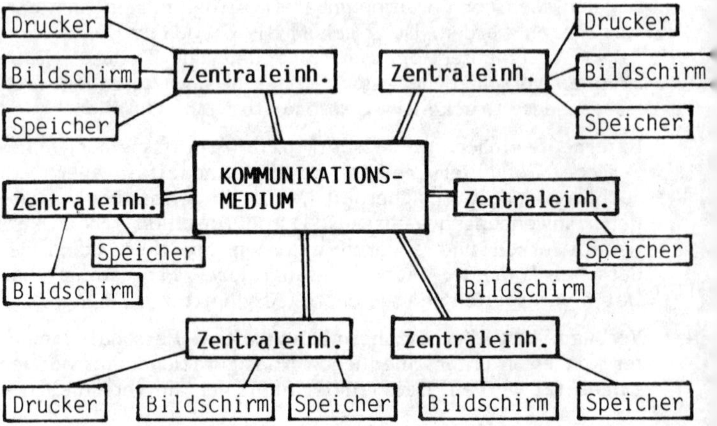

Diese knappen Ausführungen zeigen bereits, daß Personal-Computer kein nach einheitlichen Maßstäben beurteilbares Produkt sind.

## 3.2 Möglichkeiten und Grenzen der Hardwarebeurteilung

Bevor auf die einzelnen Hardwarekomponenten eines Personal-Computers und die Kriterien zur Beurteilung ihrer Leistung und ihrer Einsatz- bzw. Anwendungsmöglichkeiten im einzelnen eingegangen wird, ist es zweckmäßig, sich einige Grundgedanken über die allgemeinen Probleme der Hardwarebeurteilung zu machen.

Die Angebotsfülle auf dem Personal-Computermarkt, die oft unklaren und unvollständigen Gerätebeschreibungen der Hersteller, unverständliche Fachausdrücke und eine Technik, die auch von Computerexperten nicht immer vollständig durchschaut wird, führen dazu, daß der potentielle Anwender meist ziemlich ratlos vor der Hardware steht.

Es gibt aber dennoch eine Vielzahl von Möglichkeiten, Personal-Computer oder ihre Komponenten zu beurteilen und zu vergleichen. Dazu können z.B. herangezogen werden:

- **Technische Daten,** wie Verarbeitungsgeschwindigkeit (nicht nur **im** Rechner, sondern z.B. auch beim Drucker oder Speicherzugriff), Speicherkapazität, Bildschirmgröße usw.;
- **Kompatibilität** (d.h. Verträglichkeit) mit anderen Systemen;
- **Anschlußmöglichkeiten** und Verfügbarkeit peripherer Geräte (Drucker, Plotter etc.);
- **Ausbaufähigkeit,** um einen Personal-Computer später an geänderte bzw. zusätzliche Anforderungen ohne Probleme anpassen zu können;
- **Betriebssystem** und Art, Umfang und Qualität der verfügbaren **Software;**
- **Zuverlässigkeit und Reife** der Hardware;
- **Garantie und Service,** um die langfristige Nutzung der Geräte sicherzustellen.

Am schwierigsten sind dabei die technischen Daten zu beurteilen, da dabei teilweise erhebliches Spezialwissen erforderlich ist. Dennoch lassen sich hier viele Anhaltspunkte geben (s.u.).

**Probleme der Hardwarebeurteilung** ergeben sich außer aus der zum Teil sehr komplexen und modernen Technologie vor allem aus folgenden Gründen:

- Herstellerangaben entsprechen nicht immer der Realität (z.B. ist von einer angegebenen Speicherkapazität im praktischen Einsatz nur ein Teil wirklich frei verfügbar).
- Technische Angaben sind für den Anwender oft unverständlich, ihre Überprüfung erfordert meist nicht verfügbare Instrumente.
- Unterschiede im Aufbau bzw. der Konzeption und in der Größe bzw. Leistungsfähigkeit erschweren einen Vergleich verschiedener Personal-Computer.
- Für einen betrieblichen Einsatz ist eine isolierte Beurteilung von Hardware nicht ausreichend. Es muß das Gesamtsystem bestehend aus Gerät und installierten Programmen, also die Problemlösung, betrachtet werden.

Bei der Beurteilung von Personal-Computer-Hardware und der Wirtschaftlichkeitsprüfung für einen betrieblichen Einsatz sollte folgender Grundsatz beachtet werden:

Der Einsatz eines Personal-Computers führt heute zu Investitionen, die wegen der schnellen technologischen Entwicklung für kurze Nutzungsdauern (2-4 Jahre) betrachtet werden müssen und die **in Anbetracht der Leistungsfähigkeit** nur einen verhältnismäßig **geringen finanziellen Aufwand** erfordern. Der Beurteilungsaufwand sollte in einer angemessenen Relation dazu stehen, also nicht zu hoch sein. Im Vordergrund muß vor allem eine für den vorgesehenen Betriebszweck möglichst gut **geeignete Problemlösung** und die **Zuverlässigkeit** des Gesamtsystems stehen. Letzteres hängt sehr stark von der Software und dem Hard- und Software-Service, also dem Lieferanten ab.

## 3.3 Die Zentraleinheit

### 3.3.1 Aufbau der Zentraleinheit

Das Kernstück jedes Personal-Computers ist die **Zentraleinheit** (Central Processing Unit, CPU). Sie besteht aus dem **Mikroprozessor** (bei größeren Computern Zentralprozessor genannt) und dem **Arbeitsspeicher** oder Hauptspeicher.

Der Mikroprozessor ist auf einem einzigen Chip (Größe heute meistens weniger als 1 $cm^2$) untergebracht und besteht aus dem **Steuerwerk,** das nach DIN 44300 die Reihenfolge der Befehlsausführung steuert, die Befehle entschlüsselt und die für die Befehlsausführung erforderlichen Signale an die zuständigen Geräte gibt, und dem **Rechenwerk,** das die vom Steuerwerk erhaltenen Befehle in Form arithmetischer oder logischer Operationen ausführt.

Der **Arbeitsspeicher** nimmt die zur Ausführung oder Verarbeitung benötigten Programme auf und hält die Befehle für den Zentralprozessor bereit. Im Arbeitsspeicher befinden sich auch die für eine Verarbeitung benötigten Eingabedaten, mögliche Zwischenergebnisse und die sich als Verarbeitungsresultate ergebenden Ausgabedaten. Da auch Datenein- und -ausgabe rechnerintern gesteuert und koordiniert werden müssen, gehören zur Zentraleinheit auch **Eingabewerk** und **Ausgabewerk.**

Die rechnerinterne Übertragung von Informationen bzw. Daten und die Übertragung von Daten zwischen Zentraleinheit und angeschlossenen externen Geräten geschieht über einen sogenannten **Bus.** Über den **Steuerbus** werden Befehle zur Computersteuerung übertragen. Der **Adressbus** dient der Ansteuerung der Speicherstellen im Arbeitsspeicher, um Daten zu lesen oder Daten abzulegen, und zur Ansteuerung externer Geräte. Die eigentliche Übertragung von Daten geschieht über einen sogenannten **Datenbus.**

Das folgende Bild veranschaulicht den Aufbau der Zentraleinheit.

Aufbau der Zentraleinheit

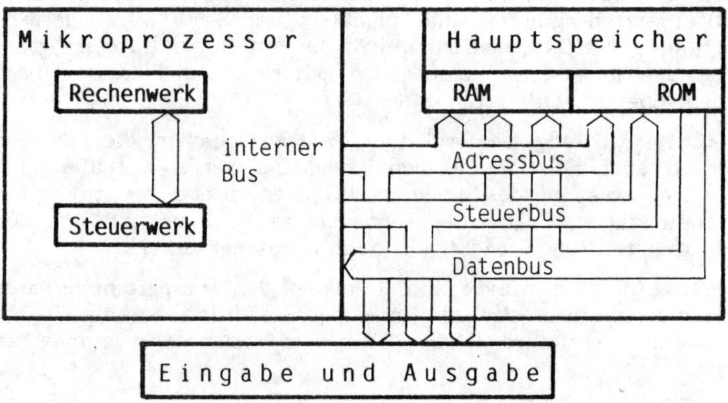

Die Verbindung zwischen zwei Bauteilen, zwei Rechnern oder zwischen Zentraleinheit und angeschlossenen peripheren Geräten geschieht über sogenannte **Schnittstellen** oder **Interfaces.** Äußerlich sind Schnittstellen als spezielle Stecker bzw. Kupplungsformen für die Verbindungsleitungen erkennbar.

Die häufigsten Schnittstellen haben die Bezeichnungen **Centronics** (parallele Übertragung von Daten bis zu einer maximalen Entfernung von ca 2m), **V24** oder **RS232C** (serielle Übertragung bis maximal ca. 20m Entfernung), **ICE** oder **IEEE** (parallel, bis ca. 7m) und 20 m A oder **Current-Loop** (seriell, bis ca. 100m).

Zu beachten ist, daß auch bei passender Schnittstelle Probleme durch Unterschiede in den Datencodes der verbundenen Geräte auftreten können. Der Anwender sollte deshalb die Anschließbarkeit peripherer Geräte immer sorgfältig prüfen und sich nach eventuellen zusätzlichen Kosten erkundigen.

### 3.3.2 Speicherkapazität und Speicherarten

Die Kapazität des Arbeits- oder Hauptspeichers wird in **Byte** gemessen, Die Speicherkapazität in Byte gibt an, wieviel Zeichen (Buchstaben, Ziffern etc.) der Speicher aufnehmen kann. Dabei ist aber zu beachten, daß nicht jeder Speicher bzw. Speicherteil beliebig nutzbar sein muß. Man unterscheidet:

**RAM** (random access memory) oder **frei verfügbarer bzw. frei programmierbarer Speicher,** der beschrieben und gelesen werden kann. Beim frei verfügbaren Speicher ist die in Gerätebeschreibungen angegebene Kapazität oft insofern irreführend, als ein Teil davon mitunter durch zu ladende Betriebssysteme (s.u.), Übersetzerprogramme o.ä. blockiert wird. Für Anwenderprogramme und Daten ist dann nicht die volle Kapazität verfügbar. Bei der Auswahl von Personal-Computern ist auf dieses Problem unbedingt zu achten.

**ROM** (read only memory) oder **Festwertspeicher,** die sich nur lesen, aber nicht beschreiben lassen. Sie werden vor allem für Mikroprogramme des Steuer- und Rechenwerks benötigt oder für langfristig unveränderbare Anwenderprogramme z.B. in der Prozeßsteuerung (Anfertigung beim Gerätehersteller!).

**PROM** (programmable read only memory) oder **programmierbarer Festwertspeicher,** der vom Anwender mit Hilfe spezieller Geräte programmiert werden kann, aber dann nicht mehr veränderbar ist.

**EPROM** (erasable PROM) oder **löschbarer programmierbarer Festwertspeicher,** der mit speziellen Verfahren wieder gelöscht werden kann.

### 3.3.3 Beurteilung der Zentraleinheit

Für die Beurteilung der Zentraleinheit können folgende **Fragen** gestellt werden (vgl. auch Löffel, S.30):

- Wie groß ist der tatsächlich verfügbare Arbeitsspeicher? Reicht die Kapazität für die Benutzung der vorgesehenen Programme aus?
- Ist eine spätere Erweiterung des Arbeitsspeichers möglich? Falls ja, in welchem Umfang und zu welchen Kosten?
- Ist der Arbeitsspeicher gegen plötzlichen Stromausfall gesichert? Bei direkter Dateneingabe kann das sehr wichtig sein.
- Kann der Arbeitsspeicher oder Teile davon gegen unbefugten Zugriff gesichert werden? Das ist für Daten- und Programmsicherung wichtig.
- Kann die gesamte Zentraleinheit gegen unbefugte Benutzung (durch Schloß, Codewort o.ä.) gesichert werden?
- Ist die Zentraleinheit für die vorgesehenen Programme und die vorgesehenen Datenarten und Datenmengen schnell genug?
- Kann die Zentraleinheit ausgebaut werden?
- Welche peripheren Geräte können angeschlossen werden und wieviel? Welche Anschlüsse stehen zur Verfügung? Diese Frage ist wichtig, weil Personal-Computer heute mit unterschiedlichen Anschlußmöglichkeiten angeboten werden.
- Ist eine Aufstellung nur in klimatisierten Räumen möglich? Welche Geräuschentwicklung verursacht eine evtl. eingebaute Klimatisierung (Gebläse)?

Schließlich ist hier noch auf die **Frage** einzugehen, **ob die Zentraleinheit einen 8-Bit-, 16-Bit-** oder **32-Bit-Prozessor enthalten sollte,** worüber in der Fachpresse neuerdings viel diskutiert wird. Vereinfacht ausgedrückt besteht der Unterschied in der Anzahl Bits, die parallel verarbeitet und weitergeleitet werden. Die meisten der heute angebotenen Personal-Computer sind (noch) mit 8-Bit-Technologie ausgerüstet, aber es werden zunehmend 16-Bit- und schon die ersten 32-Bit-Rechner angeboten. Im Hinblick auf die weitere technologische Entwicklung sollte 16- oder 32-Bit-Rechnern der Vorzug gegeben werden, sofern die übrigen Eigenschaften den Anforderungen gerecht werden.

Bei Rechnern mit 16-Bit bzw. 32-Bit-Prozessoren ist unbedingt darauf zu achten, daß auch die Umgebung des Prozessors, insbesondere die Busse, für die entsprechende Anzahl parallel verarbeitbarer Bit's ausgerüstet sind.

## 3.4 Das Betriebssystem

Die reine Hardware eines Personal-Computers ist für den Anwender ohne entsprechende Steuerungs- und Verwaltungsprogramme, die sogenannte Betriebs- oder Systemsoftware, nutzlos. Außer Dienst- und Hilfsprogrammen, Softwarewerkzeugen, Kommunikationssoftware und Programmiersprachen gehört das Betriebssystem zur **Systemsoftware.** Das **Betriebssystem** ist ein Programm zur **Steuerung und Verwaltung der Hardware.** Personal-Computer werden heute mit unterschiedlichen Betriebssystemen angeboten, wobei auf manchen Geräten auch verschiedene Betriebssysteme eingesetzt werden können. Da Betriebssysteme meistens zusammen mit der Hardware erworben werden, wird hier im Rahmen der Hardware auch auf Betriebssysteme eingegangen.

Im einzelnen erfüllt ein Betriebssystem folgende Aufgabenkomplexe:

- **Auftragsverwaltung und Programmverwaltung**
  Die einzelnen Bearbeitungsgänge, die ein Computer auszuführen hat und die einzelnen Teile eines Programms müssen rechnerintern verwaltet und koordiniert werden. Diese Verwaltung und gegenseitige Abstimmung geschieht durch das Betriebssystem.

- **Ablaufsteuerung:** Die rechnerinterne Abwicklung von Anwenderprogrammen.

- **Eingabe- und Ausgabesteuerung:** Die Anpassung (Transformation) der Benutzerumgebung an die Maschinenumgebung. Diese Steuerung umfaßt eine **logische Ebene,** zu der Codierungen und Decodierungen von Informationen, Prüfungen, Formatieren usw. gehören (alles was mit Form, Anordnung und Auswahl von Daten zu tun hat), und eine **physikalische**

**Ebene,** zu der die Bedienung der Geräte und die Behandlung von Übertragungsfehlern (für alle angeschlossenen Geräte) gehört.

- **Externe Datenverwaltung:** Ein- und Ausgabe-Steuerung für externe Speicher und die Verwaltung der Speicher (Datenanordnung und Zugriff).

Für den betrieblichen Personal-Computer-Einsatz können Betriebssysteme unterschieden werden nach der

- Anzahl der Benutzer in **Ein- und Mehrbenutzer-Systeme** und
- nach der Anzahl der simultan durchgeführten Aufgaben in **Ein- und Mehrprogramm-Systeme.**

Bei Mehrbenutzersystemen regelt das Betriebssystem die Vergabe des Prozessors an die Benutzer und die Speicherverwaltung und sorgt für einen Schutz der Daten der einzelnen Benutzer gegenüber unbefugtem Zugriff anderer Benutzer.

Auf Einzelheiten dazu kann in dem vorliegenden Rahmen nicht eingegangen werden (vgl. die ausführliche Darstellung bei Bues, Pleil, S. 54ff). Wichtige Betriebssysteme, die heute bei Personal-Computern Verwendung finden, sind die **Einplatzsysteme** MS-DOS und CP/M sowie die **Mehrplatzsysteme** MP/M, Oasis und UNIX. Daneben existieren verschiedene herstellereigene Betriebssysteme.

Für den Anwender ist wichtig zu wissen, daß die meiste auf dem Markt angebotene Standardsoftware jeweils nur auf bestimmten Betriebssystemen eingesetzt werden kann. **Bei der Hardware-Auswahl sollte** deshalb **feststehen, welche Anwendungsprogramme jetzt oder für einen eventuellen zukünftigen Einsatz vorgesehen** sind oder vielleicht infrage kommen, um nicht durch die Entscheidung für ein "falsches" Betriebssystem sinnvolle Verwendungsmöglichkeiten des Personal-Computers zu verbauen. Das spielt vor allem bei einem schrittweisen Ausbau des Personal-Computer-Einsatzes eine Rolle.

Da die Beurteilung eines Betriebssystems umfassendes Spezialwissen erfordert, empfiehlt es sich, dazu den Rat eines Fachmannes einzuholen.

## 3.5 Externe Speicher

Der Arbeitsspeicher eines Personal-Computers hat nur eine begrenzte Kapazität und ist, im RAM-Bereich, im Regelfall nicht für eine dauerhafte Speicherung von Programmen und Daten geeignet. Bei Stromausfall oder Abschalten des Gerätes sind die Informationen im Arbeitsspeicher verloren. **Aus Kapazitäts- und Sicherheitsgründen** ist es deshalb für einen betrieblichen Personal-Computer-Einsatz unerläßlich, **externe Speicher** anzuschließen. Dafür stehen drei Möglichkeiten zur Verfügung.

### 3.5.1 Disketten

Eine Diskette ist eine flexible, dünne **Kunststoffscheibe mit einer magnetisierbaren Beschichtung.** Mit Hilfe eines **Diskettenlaufwerks** werden Programme und/oder Daten auf Disketten gespeichert und von den Disketten gelesen. Angeboten werden Disketten mit 8 oder 5,25 oder 3,5 Zoll Durchmesser.

In seltenen Fällen findet man auch Geräte, bei denen 3-Zoll-Disketten oder solche mit anderen Abmessungen verwendet werden. Die Speicherkapazität einer einzelnen Diskette ist je nach Gerätetyp unterschiedlich. In den meisten Fällen liegt sie zwischen 150 KB und 1 MB.

Für einen flexiblen Personal-Computer-Einsatz und um die für Sicherungszwecke notwendigen Kopien von Daten und Programmen bequem herstellen zu können, sollten immer wenigstens **zwei Diskettenlaufwerke** (oder ein Doppellaufwerk) zur Verfügung stehen.

Disketten haben den Vorzug, daß sie bei äußerst geringem Platzbedarf transportabel sind und dadurch eine **bequeme Möglichkeit der Daten- und Programmsicherung** gegenüber unbefugtem Zugriff bzw. Benutzen bieten. Man kann sie aus dem Gerät herausnehmen und wegschließen.

Nachteilig bei Disketten ist ihre verhältnismäßig große Empfindlichkeit gegenüber äußeren Einwirkungen. Bei der Verwendung von Disketten ist deshalb hinsichtlich Handhabung und Aufbewahrung mit äußerster Sorgfalt vorzugehen. Unverzichtbar ist in jedem Fall die Herstellung von Duplikaten (oder mehreren Kopien) zur Sicherung von Programmen und Datenbeständen.

Wegen der verhältnismäßig großen Empfindlichkeit von Disketten ist es ratsam, in regelmäßigen Abständen Ausdrucke von Datenbeständen zu erstellen und aufzubewahren.

**Für umfangreiche Programme** oder/und Datenmengen ist die **Kapazität von Disketten oft unzureichend.** Außerdem kann ein zu häufiger Zugriff auf eine Diskette während eines Programmablaufes zu hohen Verarbeitungszeiten führen.

### 3.5.2 Festplatten (oder Winchester-Platten)

Bei einer Festplatte werden Daten und Programme ebenfalls auf einer magnetisierbar beschichteten Scheibe gespeichert, aber diese ist **fest in das Laufwerk integriert** und nach außen abgeschirmt. Festplatten haben gegenüber Disketten den Vorteil einer

- **höheren Kapazität,** die bei den meisten Geräten heute zwischen 5 MB und 40 MB liegt, einer
- **kürzeren Zugriffszeit,** wodurch die Verarbeitungsgeschwindigkeit des Personal-Computersystems erheblich verbessert werden kann, und einer
- größeren Zuverlässigkeit.

Der Preis ist höher als für Diskettenlaufwerke. Ein Nachteil der Festplatten besteht darin, daß die Platten nicht - wie bei den Disketten - herausgenommen und weggeschlossen werden können, um so Programme und Daten zu sichern. Es empfiehlt sich deshalb immer, **neben einer Festplatte noch wenigstens ein Diskettenlaufwerk zur Programm- und Datensicherung** zu haben. Man bedenke aber, daß für den Inhalt einer Festplatte von 10 MB Kapazität 40 Disketten mit einer Kapazität von 250 KB erforderlich sind.

### 3.5.3 Kassetten

Bei Personal-Computern finden heute **meist Kassettengeräte** Verwendung, mit den für Musikgeräte bekannten Kassettengrößen. Die Kapazität reicht bis zu 20 MB pro Kassette. Kassettengeräte zur externen Daten- und Programmspeicherung haben den Vorzug eines **relativ geringen Preises.** Ihr wesentlicher Nachteil ist die durch das langsame Durchlaufen des Bandes bedingte enorm **hohe Zugriffszeit.** Ihre Verwendungsmöglichkeiten werden dadurch stark reduziert. Sie können jedoch zur Datensicherung eingesetzt werden.

### 3.5.4 Beurteilungskriterien für externe Speicher

Bei der **Beurteilung eines Personal-Computers im Hinblick auf die externen Speicher** können folgende Fragen weiterhelfen:

- Welche Arten von externen Speichern können angeschlossen werden und in welcher Anzahl?
- Wie groß ist die Speicherkapazität einer Diskette, Festplatte oder Kassette?
- Wie groß sind die mittleren Zugriffszeiten?
- Ist eine spätere Erweiterung möglich?
- Wie und mit welchem Zeitaufwand kann Datensicherung erfolgen?

Bei Einsatz von Disketten ist zu beachten, daß neben den Gerätekosten auch Kosten für Disketten entstehen. Hier ist der erforderliche Bedarf (einmalig bei Installation eines Personal-Computers und laufend) zu schätzen.

## 3.6 Bildschirmterminal

Wesentliche Teile der Mensch-Maschine-Kommunikation spielen sich am sogenannten Bildschirmterminal ab, das aus einer **Tastatur** zur Daten- und Informationseingabe und einem **Bildschirm** zur Eingabekontrolle und zur Ausgabe besteht. Bei vielen Personal-Computern sind Bildschirm und Zentraleinheit in einem Gehäuse untergebracht, in das oft auch noch Diskettenlaufwerke integriert sind.

Für den **Bildschirm** können folgende **Beurteilungskriterien** herangezogen werden:

- **Anzeigekapazität.** Die meisten Personal-Computer bieten heute 25 Zeilen und 80 Zeichen/Zeile. Diese Mindestkapazität sollte gefordert werden, wobei für die Darstellung von Druckerausgaben mit 132 Zeichen auch entsprechende Zeilenlängen auf dem Bildschirm sinnvoll wären.
- **Optische Eigenschaften.** Die Helligkeit eines Bildschirms sollte grundsätzlich regelbar sein. Um eine Überbeanspruchung der Augen zu vermeiden, sollte außerdem darauf geachtet werden, daß die Bildschirmoberfläche blendfrei ist (entspiegelt oder mattiert). Es sollte immer darauf geachtet

werden, daß sämtliche Zeichen, die auf dem Bildschirm erscheinen, gut und zweifelsfrei erkennbar sind.

- **Graphikeigenschaften.** Viele Computerprogramme bieten die Möglichkeit, Daten, Tabellen und dgl. graphisch umzusetzen. Dazu sollte der Bildschirm eine hohe Auflösung (viele Einzelbildpunkte) und die Möglichkeit der farbigen Darstellung haben.
- **Farben.** Für manche Anwendungen ist es erforderlich, daß auf dem Bildschirm mehrfarbig dargestellt werden kann. Hierbei sollte auf die Anzahl der Farben und auf die Qualität der Farben geachtet werden. Bei zweifarbigen Bildschirmen werden im Regelfall die Farben "schwarz/weiß", "schwarz/grün" oder "schwarz/gelb" verwendet.
- **Beweglichkeit bzw. ergonomische Gestaltung.** Für die Arbeitsplatzgestaltung ist es wünschenswert, wenn der Bildschirm beweglich ist und dadurch optimal auf den Bediener ausgerichtet werden kann.

Bei der **Tastatur** ist auf folgendes zu achten:

- **Zeichenvorrat.** Die Tastatur muß mindestens den DIN-Zeichenvorrat enthalten. Das ist auch heute noch nicht immer gegeben (z.B. fehlende Umlaute, die manchmal dann noch über andere Tasten erzeugt werden können). Wünschenswert ist ein gesonderter numerischer Tastenblock in der Tastatur. Bei vielen Personal-Computern wird die Benutzung durch freibelegbare Funktionstasten erleichtert. Mit diesen können dann bestimmte Programme per Tastendruck aufgerufen werden.
- **Beweglichkeit.** Aus ergonomischen Gründen sollte die Tastatur beweglich sein. Der Benutzer kann sie dann für sich am günstigsten aufstellen.
- **Höhe der Tastatur und der Tastenabstand.** Die Tastatur sollte nicht zu hoch sein, da sonst die Eingabe von Daten über die Tastatur zu schneller Ermüdung führt. Außerdem sollte der Abstand der Tasten zueinander nicht zu gering sein, um Fehler bei der Eingabe, die sonst leicht entstehen können, zu vermeiden.
- Die Tasten sollten **nicht prellen.** Prellen liegt vor, wenn ein Symbol zweimal (oder öfter) auf dem Bildschirm erscheint, obwohl die betreffende Taste nur einmal gedrückt wurde.
- **Austauschbarkeit.** Für manche Anwendungen ist es optimal, wenn die Tastatur (z.B. DIN) gegen eine andere (z.B.

Standard-ASCII) ausgetauscht werden kann. Dadurch wird eine problemlose und weitestgehend fehlerfreie Eingabe erleichtert. Bei frei beweglichen Tastaturen ist über eine Steckverbindung diese Forderung leicht zu erfüllen.

**Neben der Tastatur können Lichtgriffel, Touch-Terminals und die sogenannte "Maus" zur manuellen Eingabe verwendet werden.**

Bei Lichtgriffel und Touch-Terminals wird mit dem Personal-Computer kommuniziert, indem auf den Bildschirm getippt wird, und zwar entweder mit dem Finger (Touch-Terminal) oder einem speziellen Griffel.

Bei der "Maus" erfolgt die Ansteuerung bestimmter Positionen auf dem Bildschirm über ein durch Kabel mit dem Rechner verbundenes bewegliches etwa eigroßes Gerät, das auf dem Schreibtisch bewegt wird.

In allen drei Fällen ist eine Tastatur für Texte und Zahlen zusätzlich erforderlich, aber die Bedienungsfreundlichkeit wird vor allem für den Laien größer.

## 3.7 Drucker

### 3.7.1 Druckerarten

Neben dem Bildschirm ist das wichtigste Ausgabemedium für einen Personal-Computer der Drucker. Für Personal-Computer gibt es heute ein breites Angebot unterschiedlicher Drucker, wobei vor allem die folgenden Arten von Bedeutung sind:

**Matrixdrucker**
Bei einem Matrixdrucker werden die **Zeichen punktweise durch einzelne Nadeln oder Stifte** erzeugt. (Man spricht deshalb manchmal auch von Nadeldruckern.) Die Schriftqualität bei den meisten Matrixdruckern ist nicht besonders gut, obwohl durch dichtere Nadelanordnungen inzwischen deutliche Verbesserungen zu verzeichnen sind und neuere Entwicklungen zeigen, daß auch mit Matrixdruckern außerordentlich gute Schriftqualitäten erzeugt werden können. Die Druckgeschwindigkeit bei Matrixdruckern ist verhältnismäßig hoch und zwar reicht sie bis zu 800 Zeichen/Sekunde. Sie haben den besonderen Vorzug, daß durch Steuerbefehle Schriftart, Schriftbreite und Schriftgröße gewählt werden können. Das folgende Bild zeigt Beispiele.

Betrieblicher Einsatz von PCs
**Betrieblicher Einsatz von PCs**
**Betrieblicher Einsatz von PCs**
***Betrieblicher Einsatz von PCs***
*Betrieblicher Einsatz von PCs*
Betrieblicher Einsatz von PCs
*Betrieblicher Einsatz von PCs*
***Betrieblicher Einsatz von PCs***
**Betrieblicher Einsatz von PCs**
Betrieblicher Einsatz von PCs
*Betrieblicher Einsatz von PCs*
**Betrieblicher Einsatz von PCs**
*Betrieblicher Einsatz von PCs*
Betrieblicher Einsatz von PCs
Betrieblicher Einsatz von PCs
**Betrieblicher Einsatz von PCs**
**Betrieblicher Einsatz von PCs**

Betrieblicher Einsatz von PCs
Betrieblicher Einsatz von PCs
**Betrieblicher Einsatz von PCs**
**B e t r i e b l i c h e r   E i n s a t z   v o n**
**Betrieblicher Einsatz**

***B e t r i e b l i c h e   A n w e n d u n g e n***

B e t r i e b l i c h e   A n w e n d u n g e n

**Typenraddrucker**
Typenraddrucker sind mit Typenradschreibmaschinen vergleichbar. In den meisten Fällen handelt es sich sogar um Geräte, die aus Typenradschreibmaschinen heraus entwickelt wurden. Typenraddrucker liefern Drucke in außerordentlich hoher Schriftqualität (Schreibmaschinenschrift!) und bieten durch Typenradwechsel die Möglichkeit unterschiedliche Schriftbilder zu erzeugen. Die Schreibgeschwindigkeit ist verhältnismäßig langsam (30-70 Zeichen/Sekunde).

**Tintenstrahldrucker**
Bei Tintenstrahldruckern werden feine **Tintentropfen mit einer speziellen Düse auf das Papier gespritzt.** Mit Tintenstrahldruckern kann bei relativ hoher Druckgeschwindigkeit (ca. 150 Zeichen/Sekunde) ein gutes Schriftbild erzeugt werden. Besonders hervorzuheben ist hierbei die Möglichkeit durch Verwendung

von speziellen Druckköpfen mit mehreren Tintenfarben auch mehrfarbig drucken zu können. Gegenüber Matrixdruckern und Typenraddruckern, die einen verhältnismäßig hohen Geräuschpegel erzeugen, arbeiten Tintenstrahldrucker nahezu geräuschlos. Mit Tintenstrahldruckern können allerdings keine Durchschläge erstellt werden.

**Thermodrucker**
In seltenen Fällen werden bei Personal-Computern auch Thermodrucker verwendet. Bei diesen Druckern wird unter Verwendung eines speziellen Papiers die Schrift "eingebrannt". Thermodrucker arbeiten wie Tintenstrahldrucker nahezu geräuschlos und erreichen relativ hohe Druckgeschwindigkeiten.

Für größere Computer gibt es weitere Druckerarten, wobei hier insbesondere auf Laserdrucker hinzuweisen ist. Da diese aber bislang bei Personal-Computern noch nicht eingesetzt werden, wird darauf hier nicht weiter eingegangen.

Auf einen besonderen **Vorzug von Matrix- und Tintenstrahldruckern** gegenüber Typenraddruckern ist hier hinzuweisen:
Bei beiden werden die Zeichen punktweise erzeugt. Dadurch ist folgendes möglich:

- Durch die punktweise Erzeugung der Zeichen können (theoretisch) **beliebige** Zeichen erzeugt werden. Der Benutzer kann sich also auch eigene Schriftzeichen oder Symbole definieren und über den Drucker ausgeben. Das folgende Bild zeigt Beispiele.

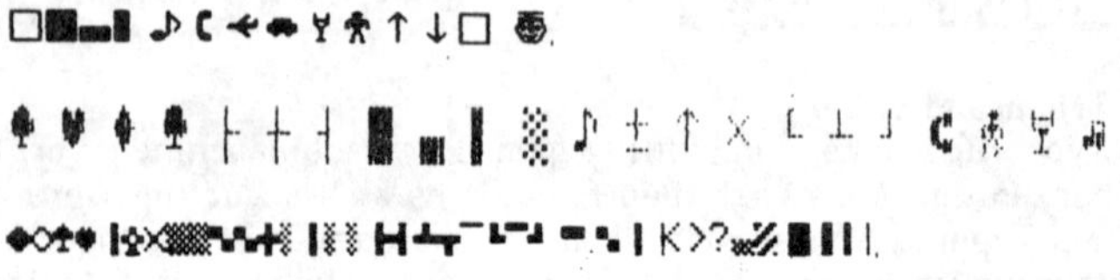

- Durch die punktweise Erzeugung von Zeichen ist es relativ einfach möglich, über den Drucker **Graphiken** zu erzeugen. Zum Teil können auf diese Weise außerordentlich komfortable und übersichtliche Graphiken ausgedruckt werden. Diese Möglichkeit ist besonders dann wichtig, wenn graphische Darstellungen betrieblicher Daten und Kennzahlen gewünscht werden und kein spezieller Plotter (Zeichengerät) zur Verfügung steht.
  Das folgende Bild zeigt ein Beispiel einer mit einem Matrixdrucker gedruckten Graphik.

### 3.7.2 Beurteilungskriterien für Drucker

Für die Beurteilung von Druckern sollte auf folgende Fragen eingegangen werden:

- Welche Qualität hat das **Schriftbild**?
- Wieviel **verschiedene Schriftarten** sind möglich? Welcher Aufwand ist für einen Wechsel des Schriftbildes erforderlich? (Programmsteuerung oder Typenradwechsel)
- Welcher **Zeichenvorrat** steht zur Verfügung? Welche Sonderzeichen sind möglich? Können eigene Zeichen und Symbole gedruckt werden?
- Welche **Buchstabengröße** ist möglich?
- Welchen **Abstand** haben die Buchstaben? Kann der Abstand verändert werden?
- **Wie schnell** arbeitet der Drucker?
- Gibt es eine **Druckwegoptimierung,** bei der z.B. freie Stellen übersprungen werden, Zeilen auch rückwärts gedruckt werden können (um den Rücklauf zu sparen)?
- Welche **Papierbreite** ist zulässig?
- Ist **Endlosverarbeitung und Einzelblattzuführung** möglich? (Bei automatischer Einzelblattzuführung können zusätzliche Kosten entstehen!)
- Können **mehrere Drucker gleichzeitig** angeschlossen werden? (Z.B. Schnell- und Schönschreibdrucker)

- Welche **Formatierungsmöglichkeiten** bietet der Drucker?
- Sind **Graphikausgaben** möglich? Wenn ja, in welcher Qualität?
- Sind **Durchschläge** möglich? Wenn ja, wieviel?
- Wie ist die **Geräuschentwicklung** beim Drucken?
- Welche **Lebensdauer** hat der **Druckkopf**?
- Welche **Lebensdauer** hat ein **Farbband**?
- Ist Spezialpapier erforderlich? (Thermodrucker)

## 3.8 Sonstige periphere Geräte

Neben den in den Abschnitten 3.3 bis 3.7 behandelten Komponenten eines Personal-Computers, die meist durchweg zu den Grundbausteinen für einen betrieblichen Einsatz gehören, können weitere Geräte an einen PC angeschlossen werden.

### 3.8.1 Plotter

Wichtiges Ausgabegerät neben dem Drucker ist ein Plotter, d.h. eine computergesteuerte Zeichenmaschine. Bei einem Plotter bewegt sich über dem Papier ein vom Computer gesteuerter Zeichenstift, mit dem sowohl Zeichnungen als auch Schrift zu Papier gebracht werden können. Vor allem für Graphikausgaben sind Plotter ein außerordentlich hilfreiches Zusatzgerät für einen Computer.

Für die Beurteilung eines Plotters spielen folgende Kriterien eine Rolle:

- **Art der Papierzuführung.** Es gibt drei Möglichkeiten:
  (1) Einlegen einzelner Blätter von Hand.
  (2) Automatische Einzelblattzuführung.
  (3) Verwendung von Endlospapier von einer Rolle.
  In den Fällen (2) und (3) können mehrere Graphiken hintereinander angefertigt werden, ohne daß menschliches Eingreifen erforderlich ist.
- Welches **Format** kann der Plotter maximal bewältigen?
- Welche **Zeichenstifte** verwendet der Plotter? (Kugelschreiber, Faserschreiber, Tusche; diese Frage ist z.B. wichtig,

wenn man mit einem Plotter reproduzierfähige Vorlagen unter Verwendung von Tusche herstellen will oder aber z.B. Folien beschriften will).

- **Anzahl der zulässigen Farben.** Bei den auf dem Markt angebotenen Geräten finden sich inzwischen Plotter mit bis zu 8 Farben, bei denen die verschiedenen Farben automatisch computergesteuert gewechselt werden können.
- **Zeichengeschwindigkeit**
- **Zeichengenauigkeit**
- **Zeichenvorrat.** Wichtig ist, daß ein Plotter auch Texte und Zahlen schreiben kann. Dabei sollte u.a. geprüft werden, in welchen Richtungen geschrieben werden kann und wie die Qualität des Schriftbildes ist.

Schließlich kann noch von Interesse sein, ob und wie der Plotter programmierbar ist und welcher Befehlsvorrat verfügbar ist.

### 3.8.2 Graphiktablett

Zum Lesen von Zeichnungen (z.B. Kurven) werden von den Computerherstellern sogenannte Digitizer oder Graphiktabletts angeboten. Mit einem Fadenkreuz fährt man hierbei auf einem eingespannten Blatt Papier eine Kurve oder dgl. ab. Der Digitizer setzt den Verlauf der Kurve in computerlesbare Befehle um, so daß die Kurve bzw. die Graphik dann vom Computer verarbeitet werden kann.

Mit einem Digitizer kann beispielsweise eine Entwurfsskizze "gelesen" werden und dann durch ein entsprechendes Programm vom Computer optimiert werden. Anschließend kann dann die endgültige Zeichnung über einen Plotter ausgegeben werden.

### 3.8.3 Akustikkoppler

Mit Akustikkopplern ist es möglich, Daten unter Benutzung normaler Telefonanschlüsse von einem Computer in einen anderen zu überspielen. Dazu besitzt der Akustikkoppler zwei mit Gummimanschetten versehene Muscheln, auf die der Telefonhörer gelegt wird. Auf diese Weise ist es z.B. möglich, Daten, die mit einem tragbaren Computer erhoben wurden (z.B.

Bestellungen eines Kunden, Ergebnisse von Meinungsumfragen), über Telefonleitungen in einen zentralen Computer zu überspielen.

Bei Akustikkopplern ist auf die **Zulassungsbestimmungen der Deutschen Bundespost** zu achten und auf die **Übertragungsgeschwindigkeit** (Baud Rate).

## 3.9 Verbund- und Vernetzungsmöglichkeiten für Personal-Computer

Personal-Computer können neben Einplatzsystemen auch **als Mehrplatzsysteme oder im Rechnerverbund** eingesetzt werden. Hinzu kommt die Möglichkeit, Personal-Computer als **intelligente Terminals für Großrechner** einzusetzen. Dem Benutzer bieten sich dann alle Vorzüge, die die Groß-EDV hinsichtlich Software, Datenbanken, Verarbeitungsgeschwindigkeit etc. hat, verbunden mit der Unabhängigkeit des Personal-Computers bei der Bearbeitung von begrenzten Datenmengen und Programmen am Arbeitsplatz.

Bei der Beurteilung eines Personal-Computers sollte u.a. auf folgendes geachtet werden: **Bei kleineren Betrieben** sollte ein Personal-Computer die Möglichkeit zu einem **Rechnerverbund** bieten, um für mehrere Systeme gemeinsame Datenbanken und Softwarebanken zu halten und die Kommunikation zwischen den einzelnen Arbeitsplätzen zu erleichtern. **Bei Großbetrieben** sollten Personal-Computer außerdem die Möglichkeit zum **Einsatz als intelligentes Terminal** zulassen. In beiden Fällen ist auf die entsprechenden **Anschlußmöglichkeiten** ("Schnittstellen") zu achten und zu prüfen, inwieweit das Betriebssystem und die sonstigen Geräteeigenschaften den Rechnerverbund oder den Anschluß an einen Großrechner überhaupt zulassen.

Schließlich ist hier auf die erst im Anlaufen begriffenen **Möglichkeiten der Datenfernübertragung** (DFÜ), Anschluß an BTX usw. zu verweisen. Je nach Aufgabenstellung des betrieblichen Einsatzes sollte der Anwender sich hier über die technischen Möglichkeiten auch im Hinblick auf eventuelle zukünftige Anwendungen informieren.

Vernetzungsmöglichkeiten von Personal-Computern werden in der Zukunft eine zunehmende Rolle spielen. Im Rahmen dieses einführenden Leitfadens kann auf Einzelheiten jedoch nicht eingegangen werden.

## 3.10 Allgemeine Beurteilungskriterien für die Hardware

Für **alle** Komponenten eines Personal-Computer-Systems gibt es einige **generelle Beurteilungskriterien:**

- **Wie ausgereift** ist das Gerät? (Anzahl der Installationen, Verbreitungsgrad, Referenzen)
- Welche **Garantie** wird gewährt? (Garantiedauer)
- Wie dicht ist das **Kundendienstnetz**? Wie sind die Service- oder Wartungsbedingungen?
- Sind **Ersatzteile** jederzeit vorrätig?
- Welche **Ausbaumöglichkeit** bietet das Gerät?
- Wie ist die **Kompatibilität** zu anderen Geräten des gleichen Herstellers und zu Geräten anderer Hersteller?
- Welche **Schnittstellen** sind vorhanden?
- Wie groß ist der **maximal zulässige Abstand** zwischen Zentraleinheit und peripheren Geräten?
- Wie hoch ist der **Preis**? Welche laufenden **Kosten** (Energie, Verbrauchsmaterial, Wartung etc.) sind mit dem Gerät verbunden?
- Welchen **Raumbedarf** hat das Gerät? Sind spezielle Möbel, Klimatisierung oder dgl. erforderlich?
- Welche **Erfahrung** gibt es über den Einsatz des Gerätes?
- Sind die **Bedienungsanleitungen** ausreichend und in deutscher Sprache?

Dazu können weitere, auch betriebsindividuelle Kriterien kommen.

**Neben der Prüfung der einzelnen Komponenten eines Personal-Computers muß auch das Gesamtsystem beurteilt werden.** Das kann unter verschiedenen Aspekten erfolgen. **Wichtige Punkte** sind z.B.

- Prüfung von **Referenzen** eines erfolgreichen Einsatzes.
- Allgemeine Prüfung der **Benutzerfreundlichkeit.** Wie kommt ein Laie mit dem System zurecht?
- Ist der Hersteller Spezialist für Geräte der vorgesehenen Anwendung?
- Werden die **üblichen Standards** (DIN etc.) eingehalten?

- Können **alle Operationen** der Erfassung, Verarbeitung, Speicherung und Ausgabe für Daten und Texte **mit dem gleichen System** abgewickelt werden?
- Ist die **Kompatibilität zu vorhandenen Systemen** gewährleistet?
- Welches **Betriebssystem** bzw. welche Betriebssysteme werden für die Hardware angeboten?
- Welches **Softwareangebot** für die Hardware bzw. die einsetzbaren Betriebssysteme gibt es?

Bei der Beschaffung eines Personal-Computers sollte aber auch bedacht werden, daß er nicht nur für die Gegenwart den Betriebserfordernissen genügen muß, sondern **zukünftigen Entwicklungen** durch entsprechende **Ausbaumöglichkeiten** folgen kann. Je nach Betriebsart, -größe und Einsatzzweck, sollte das Gesamtsystem deshalb auch nach folgenden Überlegungen geprüft werden (Hürlimann, S. 444):

- "Möglichkeit der Eingliederung in vorhandene und geplante Kommunikationssysteme der Unternehmung.
- Möglichkeiten der integrierten Daten-, Text- und Bildverarbeitung in einem Gerät und unter einem gemeinsamen Betriebssystem.
- Intelligente Kommunikationssteuerung, Ethernet-Interface sowie verschiedene asynchrone und synchrone Interfaces, mit Anschlußmöglichkeit an Modems, Nachrichtenverteilung und Datenaustausch mit anderen Systemen.
- Datenerfassung über lokale Eingabegeräte (auch Messinstrumente und Zähler), d.h. effiziente Datenerfassung am Ort und im Moment der Entstehung.
- Problemloses Erstellen von unmittelbar lesbaren Auswertungen sowie von Präsentationsgraphiken für die Geschäftsleitung."

Schließlich ist noch auf einen schon erwähnten, aber sehr entscheidenden Punkt hinzuweisen: **Vor der Kaufentscheidung** und vor der endgültigen Abnahme sollte eine **intensive Erprobung** bzw. **ausreichende Tests** erfolgen, um festzustellen, ob das System

- den gestellten betrieblichen Anforderungen gerecht wird und
- in allen Teilen einwandfrei arbeitet.

Das Problem der Hardwarebeurteilung konnte in dem gesteckten Rahmen hier nur in seinen Grundzügen skizziert werden. Wer sich nicht die Zeit einer intensiven Beschäftigung mit Personal-Computern nehmen kann, sollte sich die Unterstützung eines sachkundigen Beraters sichern.

Zu beachten ist, daß die Hardware für einen betrieblichen Einsatz immer im Zusammenhang mit der Software und dem Lieferanten (Service u.a.) gesehen werden muß. Für den betrieblichen Einsatz ist die Wirtschaftlichkeit und die Qualität der Problemlösung entscheidend. Hardware, Software und Lieferant sind dazu als Einheit zu betrachten und zu beurteilen. Schließlich ist auch die schnelle Entwicklung im Bereich der Computertechnologie zu beachten und davon auszugehen, daß die Anschaffung eines Personal-Computers allenfalls eine mittelfristige Investition ist.

Die Umstellung auf Computereinsatz ist dagegen eine langfristig wirkende Entscheidung und muß deshalb mit der entsprechenden Sorgfalt geplant werden.

# 4. Software und Softwareauswahl

## 4.1 Was ist Software?

Software ist der heute übliche **Sammelbegriff für die Programme, die die Abläufe** und Verarbeitungsprozeduren im Rechner und den angeschlossenen Geräten **steuern** und verwalten. Ohne Software ist ein Personal-Computer wertlos. Die Software wird in zwei Bereiche eingeteilt.

### 4.1.1 Systemsoftware

Zur Systemsoftware gehören alle Programme für die Koordination und Verwaltung der Hardwarekomponenten. Sie ist das Bindeglied zwischen Hardware und den Anwendungsprogrammen (s.u.). Zur Systemsoftware gehören

- **Betriebssystem.** Es dient der Auftragsverwaltung, der Prozeßverwaltung bzw. -steuerung und der Datenverwaltung. Wegen der engen Beziehungen zur Hardware wurde darauf dort bereits eingegangen (Abschnitt 3.4).
- **Programmiersprachen,** also zum Formulieren von Computerprogrammen geschaffene Sprachen. Dabei wird unterschieden zwischen **Maschinensprache** (interne Sprache des Gerätes), **maschinenorientierter Programmiersprache** (Assembler), die sich immer nur auf einen bestimmten Prozessortyp bezieht, und **höheren Programmiersprachen,** die weitgehend geräteunabhängig sind und meist für bestimmte Anwendungsbereiche konzipiert wurden (z.B. kommerzielle oder technisch-wissenschaftliche). Bekannte

Programmiersprachen sind ALGOL, APL, BASIC, COBOL, FORTRAN, PASCAL, PL1.

Sollen eigene Programme für einen Personal-Computer entwickelt werden, dann ist es wichtig zu prüfen, welche höheren Programmiersprachen auf dem ins Auge gefaßten Gerät eingesetzt werden können. Insbesondere für kommerzielle Anwendungen ist es wichtig, daß die Programmiersprache COBOL verwendet werden kann.

- **Übersetzungsprogramme.** In Assembler oder einer höheren Sprache geschriebene Programme müssen, um die Abläufe im Computer steuern zu können mit einem Übersetzungsprogramm in Maschinensprache umgewandelt werden.

  Für die Übersetzung von Programmen, die in einer höheren Programmiersprache geschrieben wurden, gibt es zwei Möglichkeiten:

  Mit einem **Compiler** wird das gesamte Programm in die Maschinensprache übersetzt und dann in übersetzter Form vom Computer abgearbeitet.
  Mit einem **Interpreter** wird jeweils nur ein Programmschritt in die Maschinensprache übersetzt. Dieser Programmschritt wird dann vom Rechner abgearbeitet und anschließend wird der nächste in einer höheren Programmiersprache geschriebene Programmschritt in die Maschinensprache übersetzt. Von ihrer Konzeption her sind Interpreter einfacher (und damit auch im allgemeinen billiger), aber deutlich langsamer als Compiler. Wer für einen Personal-Computer selbst Programme schreiben bzw. entwickeln will, sollte darauf achten, daß für die jeweilige höhere Programmiersprache ein Compiler und kein Interpreter zur Verfügung steht.

- **Dienstprogramme.** Diese gibt es für verschiedene Aufgabenbereiche, wie z.B. Hilfsprogramme für die Übertragung von Daten zwischen peripheren Geräten oder Verwaltungsprogramme für Programmbibliotheken.

- **Datenbanksysteme** für die Speicherung und Verwaltung von Datenbeständen.

Im Regelfall wird die Systemsoftware mit der Hardware zusammen vom Gerätehersteller geliefert. Ihre Beurteilung erfordert hohes Spezialwissen und kann nur gemeinsam mit der Hardware erfolgen. In den nachfolgenden Ausführungen wird deshalb auf die Systemsoftware nicht besonders eingegangen.

### 4.1.2 Anwendungssoftware

Die Anwendungssoftware umfaßt die eigentlichen Programme für die Bewältigung der betrieblichen Aufgabenstellungen, wie Lohnabrechnungen, Finanzbuchhaltung, Materialverwaltung oder Absatzprognose. Bei den Anwendungsprogrammen gibt es solche, die **für bestimmte Problembereiche** geeignet sind (z.B. Lohnabrechnung, Statistik), und Programme **für spezielle Branchen** (z.B. Auftragsabrechnung im Bauwesen, Statikberechnungen, Kalkulation im Verlagswesen). Vgl. hierzu Abschnitt 2.3.

Anwendungssoftware wird sowohl von den Geräteherstellern als auch von anderer Seite, dann meist von speziellen Softwarefirmen stammend, angeboten. Dabei ist generell festzustellen, daß der **Softwaremarkt** noch **wesentlich unübersichtlicher** ist **als der Hardwaremarkt.** Vor allem aber ist die Beurteilung von Software schwieriger als die Hardwareprüfung, da es bei der Software an technischen, objektiv faßbaren Merkmalen fehlt und eine Detailprüfung von Software außerordentlich aufwendig ist.

In den folgenden Abschnitten werden Kriterien für die Softwarebeurteilung zusammengestellt. Wegen der Vielschichtigkeit des Problems können die Ausführungen dabei naturgemäß nicht vollständig sein. In jedem Fall sollte vor einem Softwarekauf ein umfassender Test an konkreten betrieblichen Aufgabenstellungen vorgenommen werden, um festzustellen, ob der beabsichtigte Kauf auch wirlich zu einer anforderungsgerechten Lösung der betrieblichen Probleme führt.

## 4.2 Standardsoftware oder individuelle Programme?

Bei den Überlegungen zu einem betrieblichen Personal-Computer-Einsatz spielt die Software eine dominierende Rolle, denn von der Leistungsfähigkeit bzw. den Eigenschaften der Software hängt es sehr stark ab, ob die Betriebsprobleme mit einem Personal-Computer gelöst werden können. Dabei bieten sich zwei Möglichkeiten:

- Es kann auf **Standardsoftware** zurückgegriffen werden. Das sind **auf dem Markt angebotene fertige Programme,** die für bestimmte Problembereiche oder Branchen geschrieben wurden (s.o.). Standardsoftware kann gemietet oder, das ist bei Personal-Computern der Fall, gekauft werden.
- Es können eigene, **auf die betrieblichen Bedürfnisse speziell zugeschnittene Programme** erstellt werden. Dabei muß mit

relativ **hohen Kosten** gerechnet werden, da die Anfertigung lauffähiger Programme erheblichen Aufwand, vor allem an Personalzeit, erfordert.

Beim Vergleich Standardsoftware/Individualprogramme schneiden letztere unter Kostengesichtspunkten bei gleicher Leistungsfähigkeit durchweg schlechter ab. Das liegt schon allein daran, daß sich bei Standardsoftware der Entwicklungsaufwand breiter verteilen läßt.

**Für Standardsoftware** sprechen u.a. folgende Gründe:

- **kostengünstiger,**
- **schneller einzuführen** (Entwicklungszeit entfällt),
- meist **benutzerfreundlicher,** d.h. niedrigere Anforderungen an das eigene Personal,
- im allgemeinen **größere Qualität** als eigenerstellte Software, da Standardsoftware in vielen Fällen von hervorragenden Spezialisten entwickelt worden ist und außerdem durch den vielfachen Einsatz genügend Erfahrungen gesammelt wurden und Fehler weitestgehend ausgemerzt sind.
- **eigenes Personal** für die Entwicklung von Programmen ist **nicht notwendig,**
- **Wartung und Aktualisierung** der Software kann durch Spezialisten des Softwareanbieters erfolgen.

Es gibt aber auch **Gründe gegen Standardsoftware:**

- Sie ist **häufig nicht betriebsgerecht** und (wenn überhaupt) nur mit hohem Aufwand an die betrieblichen Erfordernisse anzupassen.
- Zur Sicherung eines breiten Absatzmarktes wird Standardsoftware oft sehr allgemein konzipiert. Für den einzelnen heißt das, daß das Programm für ihn uninteressante Teile enthält und damit **unnötig hohen Speicherbedarf** erfordert und die **Bearbeitungszeiten nicht zufriedenstellend** sind.
- Standardsoftware ist für den Anwender oft nur schwer zu durchschauen und kann damit zu relativ hohen Hemmschwellen führen.
- Der Einsatz fertiger Programme führt häufig zu einer **übereilten Umstellung.** Manchmal wird die betriebliche Organisation an die Software angepaßt und nicht umgekehrt.

Individualsoftware kann von eigenen Mitarbeitern, durch ein "Softwarehaus" oder durch eine Beraterfirma erstellt werden. In diesem Buch wird darauf nicht weiter eingegangen. Dennoch ist zu beachten, daß **beim Einsatz von Personal-Computern** auch immer **geprüft werden muß,** ob für die Lösung der betrieblichen Aufgaben **individuelle Programme eingesetzt werden sollen** anstelle von Standardsoftware. Für die Beurteilung dieser Frage ist aber hohes Spezialwissen erforderlich.

Bei der Softwareauswahl und der damit zusammenhängenden Frage "Standardsoftware oder individuelle Programme?" kann man nach folgendem Schema vorgehen:

**PHASEN DER SOFTWAREAUSWAHL**

(1) Aufgabenanalyse und Entwicklung eines Datenverarbeitungskonzepts unter Einsatz von Personal-Computern. (Vgl. dazu die Ausführungen im Kapitel 5, insbesondere Abschnitt 5.3 und 5.4)

(2) Formulierung eines detaillierten Anforderungskataloges für den Personal-Computer-Einsatz in Form eines Pflichtenheftes (siehe Abschnitt 5.4).

(3) Analyse des Softwaremarktes im Hinblick auf Software, die für den speziellen Einsatzbereich geeignet ist. Damit verbunden ist die Entscheidung, ob Standardsoftware eingesetzt werden soll oder die Entwicklung individueller Programme erforderlich ist.

(4) Aufstellung eines detaillierten Pflichtenheftes für den Software-Lieferanten bzw. zur Auswahl der am besten geeigneten Software oder
Programmentwurf für die individuelle Software.

(5) Analyse und Bewertung der angebotenen Standardsoftware und Entscheidung oder
Programmierung der individuellen Programme.

(6) Prüfung der Software (Standardsoftware oder individuelle Programme) anhand echter betrieblicher Daten und unter Berücksichtigung möglichst aller Sonderfälle. Gegebenenfalls sind Korrekturen und/oder Anpassungen erforderlich.

(7) Endgültige Einführung.

## 4.3 Beschaffungsmöglichkeiten für Software

Für die Beschaffung der Anwenderprogramme gibt es verschiedene Möglichkeiten. Da Software häufig zusammen mit Hardware angeboten wird, gibt es für Software die gleichen **Vertriebswege** wie für Hardware:

Bürofachhandel
Computer- und Elektronikshops
Radio-, Phono-, Fernsehhandel sowie Fotofachhandel
Kaufhäuser und Versandhandel
Handelsketten und Großmärkte
Software- und Systemhäuser.

Bei letzteren liegt das Hauptgewicht der Betätigung in der Entwicklung und dem Vertrieb von Anwendersoftware. Bei komplexen Aufgabenstellungen wird es sich empfehlen, Software vorrangig bei einem derartig auf Programmerstellung spezialisierten Anbieter zu suchen. Es ist aber auch zu beachten, daß als Softwareanbieter auch **Unternehmensberatungen** infrage kommen. Mitunter werden Anwenderprogramme auch von Firmen angeboten, die diese Programme für ihre eigenen Aufgabenstellungen entwickelt haben und über die Vermarktung einen Teil ihrer Entwicklungskosten wieder hereinholen wollen.

Vor der eigentlichen Softwarebeschaffung ist sorgfältig zu prüfen, von welchen Lieferanten Angebote eingeholt werden sollen. Es wird dazu auf die Ausführungen zur Lieferantenauswahl in Kapitel 7 verwiesen.

## 4.4 Vorbereitung der Softwarebeschaffung

Die Qualitäts- und Eignungsprüfung von Computerprogrammen ist durchweg schwieriger als die Beurteilung der Hardware. Das liegt vor allem an den fehlenden technischen Merkmalen. **Softwareeigenschaften** sind vom potentiellen Anwender oft nur **schwer einzuschätzen.** Probleme ergeben sich vor allem daraus, daß der Anwender sich nur selten genau darüber im klaren ist, welche funktionalen Anforderungen die Software im einzelnen erfüllen soll. Deshalb ist folgende **Grundsatzforderung** immer zu beachten:

Vor der Beschaffung von Anwendersoftware muß eine **umfassende Problem- und Aufgabenanalyse** des betrieblichen Einsatzbereiches erfolgen. Dazu gehören

- Arbeitsabläufe;
- Datenmengen;
- Datenstrukturen;
- Datenhäufigkeiten;
- Verarbeitungsprozesse der Daten;
- Eingabemöglichkeiten;
- Ausgabeerfordernisse (Formulare) usw.

Besonders zu achten ist dabei auf die **Erfassung aller denkbaren Sonderfälle**, damit sichergestellt wird, daß die zu beschaffende Software auch das ganze Anwendungsgebiet abdeckt.

Die Problem- und Aufgabenanalyse mündet in die **Entwicklung eines Sollkonzepts** ein, in dem die detaillierten Anforderungen an den Personal-Computer-Einsatz festgelegt werden. Falls im Betrieb die dazu nötige Fachkompetenz nicht vorhanden ist, sollte ein neutraler Berater hinzugezogen werden, um Fehlplanungen und -entwicklungen und die damit verbundenen Kosten zu vermeiden. Die Sollvorstellungen werden zweckmäßigerweise **in Form eines Pflichtenheftes** formuliert (s.u.).

Die Anforderungen des Pflichtenheftes bieten dann eine gute **Basis zur Beurteilung** der angebotenen Software, da sich daraus im Regelfall ein **detaillierter Kriterienkatalog** ergibt. In den folgenden Abschnitten werden zunächst Beurteilungskriterien für Software angeführt, die vor allem im Hinblick auf bestimmte Anwendungen als Entscheidungshilfe dienen können.

Der Anwender sollte grundsätzlich von folgendem ausgehen: Die Anschaffung eines Personal-Computersystems mit der zugehörigen Software reicht zur Lösung der betrieblichen Datenverarbeitungsprobleme im allgemeinen nicht aus. Ohne eine sorgfältige Untersuchung betrieblicher Datenverarbeitungsabläufe und der Datenstrukturen und ohne die Aufstellung eines detaillierten Anforderungsprofils an die computergestützte Datenverarbeitung ist ein erfolgreicher Einsatz von Personal-Computern nicht denkbar.

Die Beurteilung von Anwendungssoftware muß immer im Hinblick auf die detaillierten betrieblichen Anforderungen erfolgen. Dieser Anforderungskatalog, der sich aus der Entwicklung eines Sollkonzepts für die computergestützte betriebliche Datenverarbeitung ergibt, muß immer die erste Stufe bei den konkreten Überlegungen zu einem Personal-Computer-Einsatz sein.

## 4.5 Anwendungsbezogene Beurteilungskriterien

### 4.5.1 Funktionalität der Software

Anwendungsprogramme werden für die Bewältigung bestimmter betrieblicher Aufgaben eingesetzt. Die Prüfung bzw. Beurteilung eines Programms muß sich deshalb in hohem Maße daran orientieren, wie gut und vollständig die Aufgabenerfüllung durch das Programm ist. Zu einer solchen Funktionalitätsprüfung gehört u.a. folgendes:

- **Übereinstimmung von Anforderungen und Softwarefunktionen.** Grundlage dafür sollte das Pflichtenheft mit seinem detaillierten Aufgaben- und Kriterienkatalog sein. Eine pauschale Beurteilung reicht hier auf keinen Fall aus, denn das Programm muß alle Einzelaufgaben erfüllen können, und zwar auch alle vorkommenden Spezial- und Sonderfälle. Bei der Prüfung selbst sollte man sich auf keinen Fall auf die Programmbeschreibung bzw. Dokumentation verlassen, sondern **am Computer**, möglichst mit echten Daten, **die Funktionalität testen.**

Ist keine vollständige Übereinstimmung von Softwareleistung und betrieblichen Anforderungen gegeben, dann ist folgendes zu prüfen:

- Kann die **Software um fehlende Funktionen ergänzt** werden? Sofern das möglich ist, ist der dafür erforderliche Aufwand anzugeben.

- Kann die Übereinstimmung von Programmleistung und Anforderungen durch **betriebliche Anpassungsmaßnahmen** erreicht werden? Grundsätzlich sollte beim Einsatz von Personal-Computern davon ausgegangen werden, daß nicht eine gegebene Organisation bzw. einzelne betriebliche Aufgabenbereiche und Abläufe von manueller oder konventioneller Bearbeitung auf Personal-Computerbetrieb unverändert übertragen werden, sondern daß die **Arbeitsabläufe computergerecht konzipiert** werden. Personal-Computer-Einsatz bedeutet durchweg eine Organisationsumstellung, vor allem für Arbeitsabläufe. Sofern die eigentliche Aufgabenerfüllung gewährleistet ist, ist daher eine Anpassung der betrieblichen Abläufe an Anwendersoftware in vielen Fällen gerechtfertigt.

Zur Prüfung der Funktionalität gehört auch die Klärung der folgenden Frage:

- Kann die Software mit vertretbarem Aufwand an geänderte Anforderungen angepaßt werden? **Anpassungsfähigkeit** bzw. **Flexibilität** ist für die meisten Programme eine unverzichtbare Eigenschaft, denn Aufgaben und Abläufe sind selten auf längere Sicht starr. Z.B. müssen Lohnabrechnungsprogramme an Tarif- und Steuerveränderungen angepaßt werden, bei Lagerhaltungsprogrammen sollten Dispositionskriterien geändert werden können (z.B. eiserner Bestand, Meldemenge).

Zur Untersuchung der Funktionalität gehört schließlich auch die Prüfung der Frage, ob und wieweit ein bestimmtes Programm mit anderen Programmen verknüpft werden kann, um eine hohe **Integration** der Datenverarbeitung und damit eine hohe **Effizienz** zu erreichen.

### 4.5.2 Quantitative Leistungsdaten

Neben der Funktionalität der Software, d.h. Aufgabenerfüllung nach Inhalt und Ablauf, spielen quantitative Leistungsdaten für die Softwarebeurteilung eine wichtige Rolle. Dabei geht es vor allem um folgende Fragen:

- **Wie ist das Laufzeitverhalten**? Programmlaufzeiten lassen sich nach unterschiedlichen Ansätzen messen. Für die Softwarebeurteilung sollte folgendes untersucht werden:
  - Durchschnittliche Bearbeitungszeit häufiger Arbeiten.
  - Durchschnittliche Antwort- und Reaktionszeit des Programms bei den einzelnen Bearbeitungsgängen.

  In beiden Fällen können minimale und maximale Werte nützliche Beurteilungskriterien sein.

  Bei der Untersuchung des Laufzeitverhaltens eines Programms ist zu beachten, daß dieses nicht nur von den Bearbeitungsschritten abhängt, sondern auch von den zu verarbeitenden Datenmengen. Gerade bei Personal-Computern sollte deshalb hier besondere Sorgfalt geübt werden. Die geringe Hauptspeichergröße führt nämlich dazu, daß größere zu verwaltende Datenbestände auf externen Speichern untergebracht werden und dann nur mit verhältnismäßig hohen Zugriffszeiten Daten aus diesen Beständen gelesen bzw. Daten in diese Bestände hineingeschrieben werden können.

- **Welche Datenmengen kann das Programm bewältigen**? Dabei spielen naturgemäß Hardwareeigenschaften eine sehr wichtige Rolle. Bei der Prüfung der Datenkapazität muß auch festgestellt werden, von welchen Faktoren diese abhängt. Wichtig ist auch die Bereitstellung von Reservekapazitäten, um bei einem betrieblichen Wachstum nicht sofort an Leistungsgrenzen der Software zu stoßen.

### 4.5.3 Ein- und Ausgabemöglichkeiten

Anwendersoftware verarbeitet betriebliche Daten, die in den Personal-Computer eingegeben werden müssen, zu Ergebnissen, die in übersichtlicher, betriebsgerechter Form ausgegeben werden. Die Güte der Software hängt deshalb auch davon ab, ob

- die **Eingabe rationell** und mit geringem Fehlerrisiko möglich ist;
- die **Ergebnisausgabe übersichtlich** alle wesentlichen Informationen enthält und leicht auf spezielle Anforderungen eingestellt werden kann.

Bei der **Eingabe** ist auf folgendes zu achten:

- **Daten**, die **wiederholt benötigt** werden (z.B. Personalstammdaten), sollten **nur einmal eingegeben** werden müssen und danach von einer vorhandenen Datei abrufbar sein.
- Bei der Dateineingabe sollten **Korrekturen** leicht und schnell möglich sein.
- Die eingegebenen Daten sollten auf **Fehler** durch das Programm **geprüft** werden.
- **Standarddaten** sollten in verkürzter Form (Abkürzung, Kennziffer) eingegeben werden können.

Bei der **Ausgabe** ist u.a. folgendes wichtig:

- Ergebnisse sollten **übersichtlich** und schnell erfaßbar dargestellt sein.
- Das **Ausgabemedium** sollte (zumindest für die meisten Anwendungen) **wählbar** sein (Bildschirm, Drucker, Plotter).
- **Formate und Daten** einer Ausgabe sollten wählbar sein, um spezielle Informationswünsche befriedigen zu können.
- Bei umfangreichen Ausgaben muß die **Ausgabegeschwindigkeit** groß genug sein.

### 4.5.4 Benutzerfreundlichkeit

Jede Anwendersoftware sollte auch danach geprüft werden, welche Anforderungen und Belastungen sich daraus für den Benutzer ergeben. Folgende Gesichtspunkte spielen dabei eine Rolle:

- Das Programm sollte den Benutzer durch entsprechende Erläuterungen führen. Die **Bedienerführung** sollte Fehlerquellen ausschalten und so verständlich sein, daß ein laufendes Nachschlagen in einem Handbuch entfallen kann.
- Das Programm sollte eine **jederzeitige Unterbrechung** und spätere Fortsetzung an der Unterbrechungsstelle ermöglichen.
- Es sollte **gegen Bedienungsfehler** (z.B. versehentliches Drücken einer falschen Taste, zu langes Drücken einer Taste) möglichst gut **abgesichert** sein.
- Der Bildschirmaufbau sollte übersichtlich sein.

**Einzelkriterien für die Beurteilung der Benutzerfreundlichkeit** sind u.a. folgende:

- Kann das Programm auch **von einem Computer-Laien problemlos benutzt werden**?
- Können einzelne Programmteile durch eine einzelne Taste aufgerufen werden (und nicht durch Eingabe eines Wortes oder längeren Textes)?
- Erscheinen auf dem Bildschirm jederzeit die erforderlichen **Erläuterungen**? Gegebenenfalls muß es möglich sein zusätzliche Erläuterungen bzw. Kommentare über eine sogenannte "Help"-Taste aufzurufen.
- Ist die **Eingabe** von Daten genügend **einfach**? (Nach Möglichkeit sollte die Eingabe von Ziffern, Buchstaben oder einfachen Symbolen genügen. Jede Eingabe längerer Zeichenfolgen birgt Fehlerquellen und führt damit zu unnötigen Verzögerungen der Datenverarbeitung).
- Ist der **Zustand** des Rechners **am Bildschirm erkennbar**? Eine benutzerfreundliche Software zeigt dem Anwender an, ob vom Benutzer eine Eingabe erwartet wird oder ob der Rechner gerade arbeitet bzw. **was** gerade getan wird.
- Ist das Handbuch vollständig, und ist es übersichtlich aufgebaut? (Vgl. Abschnitt 4.5.5)

Aus Benutzersicht wünschenswert ist eine **Kurzbeschreibung** der Software auf einer Karte oder Faltkarte, mit allen für das Programm wichtigen Befehlen und Abkürzungen sowie kurzen Erläuterungen (evtl. in Schlagworten).

An dieser Stelle ist erneut darauf hinzuweisen, daß ein intensiver Test, der für den betrieblichen Einsatz vorgesehenen Software unverzichtbar ist. An diesem Test sollten alle Mitarbeiter beteiltigt sein, die später mit dem Computer umgehen sollen. Dabei ist darauf zu achten, daß mit konkreten betrieblichen Daten gearbeitet wird, daß möglichst alle Spezialfälle Berücksichtigung finden und vor allem darauf, daß bei der Benutzung des Programms keine Mißverständnisse und Probleme auftreten. Es muß nämlich festgestellt werden, daß bei vielen auf dem Softwaremarkt angebotenen Programmen die Benutzerfreundlichkeit und Verständlichkeit für den Laien erheblich zu wünschen übrig läßt. Ständiges Nachschlagen in einer (oft unverständlichen und unübersichtlichen, sowie manchmal auch unvollständigen) Programmdokumentation erschwert die betriebliche Datenverarbeitung und führt zu unnötig hohen Kosten.

**Gute Software sollte grundsätzlich aus sich selbst heraus, d.h. ohne Verwendung eines Benutzerhandbuches einsetzbar sein.**

### 4.5.5 Dokumentation

Zu jedem Programm muß eine ausführliche Beschreibung oder Dokumentation gehören, die alle Einzelheiten enthält über folgende Bereiche:

- **Allgemeine Systembeschreibung** mit
  - Erläuterung des Aufbaus der Software;
  - Angabe der benötigten Hardware;
  - Angabe von Programmen, die evtl. zusätzlich benötigt werden;
  - Daten- und Dateidefinitionen mit Formatangaben;
  - Angaben über Ein- und Ausgaben;
  - Zeitverhalten des Programms;

  usw.

- Spezielle **Programmdokumentation** mit detaillierten Beschreibungen der Funktionen, Programmlisten, Programmablaufplänen usw.

- **Betriebsbeschreibung**, die alle Angaben für das sogenannte Operating enthält: Programmstart, Eingabe, Ausgabe, Fehlermeldungen und -behandlung.

- **Benutzerdokumentation** mit Erläuterungen zu Art und Format der Eingabe und Ausgabe, Fehlerbehandlung, Steueranweisungen.

Einzelne Teile dieser viergeteilten Dokumentation werden häufig zusammengefaßt. Die Dokumentation sollte in deutscher Sprache abgefaßt sein. Sie sollte übersichtlich gegliedert und für jeden Mitarbeiter verständlich sein.

Bei der Dokumentation sollte Wert darauf gelegt werden, daß diese auch eine Kurzbeschreibung des Programms als "Schnellanleitung" enthält. Wichtig ist auch ein umfassendes **Stichwortverzeichnis** damit bei Problemen ein schnelles Nachschlagen möglich ist. Dazu trägt auch ein umfassendes und genügend tief gegliedertes Inhaltsverzeichnis bei.

## 4.6 Generelle Beurteilungskriterien für Software

Neben den genannten Prüfkriterien für die Güte von Software gibt es noch allgemeine Gesichtspunkte, die beim Softwarekauf herangezogen werden sollten.

### 4.6.1 Vertragsgestaltung

Bei der Vertragsgestaltung für die Softwarebeschaffung sollte auf folgendes geachtet werden:

- **Vereinbarung des Liefer- und Leistungsumfangs,** und zwar auch im Hinblick auf Dokumentation, Einführung und Beratung, Schulung usw.
- Vereinbarung eines **Probebetriebs.**
- **Beginn der Garantiezeit** erst nach dem erfolgreichen Abschluß eines Probebetriebs.
- **Garantiebedingungen.** Software ist häufig ein teures Produkt - in manchen Fällen sind die Kosten dafür erheblich höher als für die erforderliche Hardware und es ist deshalb selbstverständlich, daß der Lieferant für eine gewisse Zeit die Gewähr für ein einwandfreies Funktionieren der Programme übernehmen muß.
- Vereinbarung über **Programmodifikationen** und -erweiterungen durch betriebliche oder gesetzliche Erfordernisse.

- Bestimmungen über Wartungs- und Serviceleistungen (s.u.).
- Konditionen für die notwendigen **Aktualisierungen der Software** (das ist z.B. bei Lohnabrechnungsprogrammen erforderlich, wenn Steuertarifänderungen eintreten).

### 4.6.2 Wartung und Service

Software ist in der Anschaffung meist ein relativ teures Produkt, zumindest im Vergleich zur Hardware (s.o.). Software ist aber auch ein kompliziertes und empfindliches Produkt, für das ein **Wartungs- bzw. Störungsdienst** vorhanden sein sollte, um unerwartet auftretende Fehler schnell zu beseitigen und erforderliche Modifikationen und Anpassungen durchzuführen. Prinzipiell ist davon auszugehen, daß auch ein längerer Probebetrieb nicht immer ausreicht, alle Fehler oder Mängel der zu beschaffenden Software aufzudecken. Der **Lieferant sollte deshalb** auch über die Gewährleistungsfrist hinaus einen **Service für Software anbieten.** Dabei ist auf die Servicebedingungen zu achten (Kosten, Schnelligkeit bei Störungen usw.). Ebenso sollte der Lieferant **Programmanpassungen** (z.B. an geänderte betriebliche oder gesetzliche Erfordernisse) **garantieren.** Sowohl bei der Behebung von Störungen als auch bei Programmanpassungen ist davon auszugehen, daß dafür umfassende Detailkenntnisse des betreffenden Programms erforderlich sind, die der Programmhersteller hat, die sich ein Dritter aber mit vertretbarem Aufwand meist nicht aneigenen kann.

### 4.6.3 Installationsbedingungen

Für die Beurteilung bzw. Auswahl von Software spielt es immer auch eine Rolle, ob und inwieweit der Lieferant für die **betriebsfertige Installation der Software** sorgen kann. In diesem Zusammenhang ist auf folgende Punkte zu achten:

- **Beratung** in der Planungsphase
- **Unterstützung** bei der Entwicklung eines realisierbaren **Sollkonzepts**
- **Anpassung** der Software an betriebsindividuelle Erfordernisse
- **Installation und Test** der Betriebsbereitschaft

- **Probeläufe**
- **Schulung** der Mitarbeiter

Dabei spielen Erfahrung und Sorgfalt des Lieferanten eine Rolle, aber auch die eventuellen Kosten für den Betrieb.

Es ist in diesem Zusammenhang darauf hinzuweisen, daß die Installationsbedingungen bei Software in vielen Fällen unbefriedigend sind. Dabei ist jedoch zu beachten, daß die Preise für Hardware auf Grund der starken Konkurrenz im allgemeinen so niedrig sind, daß Lieferanten hier keinen übermäßigen Service anbieten können. Das gleiche gilt auch für einen Großteil der Software, die heute auf dem Markt angeboten wird. Bei niedrigen Preisen für Hard- und Software kann man als Anwender keinen übertriebenen Service des Anbieters erwarten. In einer solchen Situation empfiehlt es sich, nach Referenzen für einen Hard- und Softwareeinsatz zu fragen und sich bei Firmen, die die vorgesehene Software bereits einsetzen, zu erkundigen.

### 4.6.4 Datenschutz und Datensicherheit

Nicht nur auf Grund gesetzlicher Bestimmungen des Datenschutzes, sondern auch wegen betrieblicher Geheimhaltungsbestimmungen ist Software auch unter Gesichtspunkten des Datenschutzes und der Datensicherheit zu beurteilen. Dabei sollte auf die Erfüllung der folgenden Forderungen geachtet werden:

- **Verhinderung von unerlaubtem Zugriff** auf zu schützende **Daten.**
- Verhinderung des Zugriffs auf zu schützende **Programme.**
- **Verhinderung der Veränderung oder Zerstörung von Daten und Programmen** durch Dritte.

Die Sicherungen sollten nachhaltig sein und wirklich jeden Mißbrauch ausschließen.

### 4.6.5 Softwarekosten

Auch die Kosten sind ein wichtiger Beurteilungsmaßstab. Dabei ist zu unterscheiden zwischen

- **Anschaffungskosten,** also den mit dem Kauf verbundenen einmaligen Kosten. Neben dem eigentlichen Kaufpreis ("Listenpreis") können bei der Anschaffung Kosten entstehen für

- Anpassung der Software an spezielle betriebliche Erfordernisse;
- Installation der Software (z.B. Probebetrieb, Ersteingabe von Daten);
- Schulung der Mitarbeiter;
- Dokumentationsunterlagen.

Daneben ist auf die Kosten, die generell mit einem Personal-Computer-Einsatz einmalig verbunden sind, hinzuweisen (Organisationsanalyse und -planung usw.).

- **laufenden Betriebskosten,** die mit dem regelmäßigen Betrieb der Software verbunden sind. Dazu gehören u.a. die Kosten der

  - Wartung;
  - Anpassung bei Anforderungsänderungen;
  - Verbrauchsmaterial (vor allem Papier bzw. Vordrucke).

### 4.6.6 Sonstige Gesichtspunkte

Es gibt **weitere Beurteilungskriterien,** die **für die Softwareauswahl** herangezogen werden können:

- Prüfung von **Referenzen** über erfolgreiche Installationen eines Programms.
- Ermittlung der **Anzahl der bisherigen Installationen.**
- **Programmiersprache** (wichtig im Hinblick auf mögliche Änderungen oder Erweiterungen).
- **Modularität,** d.h. Grad der Zerlegung in kleine Einheiten, die Anpassungen und Erweiterungen erleichtern.
- **Schnittstellen,** d.h.: inwieweit sind problemlose Übergänge oder Verbindungen (Datentransfer!) zu anderen schon vorhandenen oder noch zu beschaffenden Programmen möglich.

Neben den angeführten Beurteilungskriterien gibt es weitere, die zum Teil auch durch die jeweilige Aufgabenstellung bestimmt werden. Neben formalen Gesichtspunkten (Vertrag, Kosten etc.) ist aber in jedem Fall der **Probebetrieb** mit konkreten betrieblichen Daten und Problemen die **entscheidende Basis für die Softwarebeurteilung.**

Zusammenfassend kann festgestellt werden, daß bei der Softwareauswahl mit großer Sorgfalt vorgegangen werden muß. Dafür sind vor allem folgende Gründe maßgebend:

- Bei der Installation eines Personal-Computersystems für betriebswirtschaftliche Anwendungen betragen die Investitionen für Software im Regelfall ein Vielfaches des Betrages der für die Hardware ausgegeben werden muß. Man kann davon ausgehen, daß bei Installation eines Personal-Computers die **Softwarekosten 50 bis 80% der Gesamtkosten ausmachen können.** Andererseits wird oft unausgereifte Software angeboten. Beides zwingt zu besonderer **Sorgfalt bei der Auswahl.**
- Fehlerhafte oder ungeeignete Software kann zu erheblichen Störungen und Problemen im Betrieb führen. Man braucht sich nur einmal vorzustellen, welche Schwierigkeiten auftreten, wenn ein Lohnabrechnungssystem oder ein Auftragsbearbeitungssystem fehlerhaft sind.
- Die im Betrieb installierte Software beeinflußt das Betriebsgeschehen im allgemeinen auf sehr lange Sicht. Organisatorische Abläufe, Datenstrukturen usw. werden bei einem betrieblichen Personal-Computer-Einsatz im allgemeinen verändert. Schwächen sind hier oft erst nach langer Zeit erkennbar und dann nicht oder nur mit großem Aufwand auszumerzen.

## 4.7 Hard- und Software als Systemeinheit

Für den betrieblichen Personal-Computer-Einsatz stellen Hard- und Software eine Einheit dar. Für eine endgültige Beurteilung und Entscheidung ist daher auch immer das Gesamtsystem zu sehen. Bei einer **Gesamtbeurteilung des Personal-Computersystems** können folgende Fragen weiterhelfen (vgl. Löffel, S. 32-33).

- Lassen sich mit dem Systemkonzept alle Routineaufgaben bewältigen?
- Kann das System durch die vorhandenen Mitarbeiter installiert und bedient werden?
- Kann der Arbeitsanfall eines normalen Arbeitstages mühelos bewältigt werden?
- Wie wirken sich Monatsabschlüsse und andere periodisch auftretende Arbeiten auf den Systembetrieb aus?

- Entsprechen die Ergebnisse hinsichtlich Inhalt und Ausgabeformat allen betrieblichen Anforderungen?
- Ist das System auch im Hinblick auf die zukünftige Entwicklung des Betriebes flexibel?
- Welche Auswirkungen auf betriebliche Abläufe ergeben sich bei einem Ausfall des Systems?
- Welche Aussagen lassen sich zur Wirtschaftlichkeit machen?
- Inwieweit wird der Betrieb durch die Umstellung auf Personal-Computer abhängig vom Service bzw. der Wartung Dritter? Dabei sind Hardware und Software zu berücksichtigen.
- Wie sicher ist das System und welche Reservekapazitäten besitzt es (z.B. auch bei Ausfall von Systemteilen)?

Abschließend sei noch einmal darauf hingewiesen, daß der **erforderliche Personal-Computer-Einsatz** eine **intensive Beschäftigung mit Hard- und Software** erfordert. Wer nicht die dafür erforderliche Zeit aufbringt, sollte einen **sachkundigen Berater** hinzuziehen, um sich vor Fehlentscheidungen zu schützen.

## 4.8 Hinweise auf wichtige Anwendungssoftware

In Kapitel 2, insbesondere Abschnitt 2.3, wurde auf die Fülle der Anwendungsmöglichkeiten von Personal-Computern im Betrieb eingegangen. In diesem Abschnitt sollen exemplarisch einige wichtige Anwendungen von Personal-Computern behandelt werden, und es sollen dabei inhaltliche Kriterien für die Auswahl entsprechender Standardsoftware angegeben werden. Bei dem einführenden Charakter dieses Leitfadens kann dabei nur grob auf die Anwendungen eingegangen werden.

### 4.8.1 Textverarbeitung

Ein wichtiger Anwendungsbereich von Personal-Computern liegt heute in der Textverarbeitung. Soll ein Personal-Computer ausschließlich oder überwiegend für Textverarbeitung eingesetzt werden, dann sollte bei der Auswahl der Hardware darauf Rücksicht genommen werden.

Im Hinblick auf Textverarbeitung ist bei der Hardwareauswahl vor allem auf folgende Kritierien zu achten:

- **Bildschirmgröße.** Normale Personal-Computerbildschirme haben eine Kapazität von 25 Zeilen zu je 80 Zeichen. Das ist aber weniger als auf ein A4-Blatt geht. Zweckmäßig für Textverarbeitung ist deshalb ein Bildschirm, auf den eine volle A4-Seite geht. Solche Geräte werden inzwischen am Markt angeboten. Ein solcher Bildschirm erlaubt vor allem ein bequemes Layout des späteren Ausdrucks.
- **Tastatur.** Die Tastatur muß auf jeden Fall DIN-Anforderungen genügen. Sie soll beweglich und ergonomisch so gestaltet sein, daß keine vermeidbaren Ermüdungserscheinungen beim Schreiben auftreten.
- **Drucker.** Bei Textverarbeitung sind besondere Anforderungen an die Druckausgabe zu stellen. Wünschenswert ist für individuell ausgerichtete Briefe ein Typenraddrucker. An die Stelle eines Typenraddruckers kann aber auch ein Matrixdrucker mit einer hohen Punktdichte und damit entsprechend hoher Schriftqualität treten.

An die Software sollte bei Textverarbeitung eine Fülle von Anforderungen gestellt werden.

Unverzichtbare Eigenschaften eines Textverarbeitungsprogramms sind:

- **Speichern von Texten.**
- **Speichern von Textbausteinen,** aus denen Briefe und dergleichen zusammengestellt werden können.
- **Speichern von Adressen** mit der Möglichkeit, Anschriften, Anrede und Namen in Standardbriefe an die richtigen Stellen einzusetzen.
- **Leichte Möglichkeit zum Korrigieren und Redigieren.**
  Dazu gehören u.a. folgende Anforderungen:
  - Möglichkeit zum Einfügen längerer Textteile an eine beliebige Stelle.
  - Problemloses Löschen von Textteilen.
  - Automatischer Austausch von Begriffen.

  Das Einfügen und Löschen von Textteilen, insbesondere dann, wenn sie länger sind, kann Probleme bereiten, wenn lange Texte im Personal-Computer seitenweise abgespeichert sind und sich durch das Löschen oder Einfügen die

Seiteneinteilung ändert. Ein gutes Textverarbeitungsprogramm sollte derartige Einfügungen und Löschungen problemlos bewältigen.

- **Bequemes Umbrechen (Seiteneinteilung).** Dazu gehören u.a. folgende Eigenschaften, die ein Textverarbeitungsprogramm haben sollte:
  - Vorschläge zur Silbentrennung.
  - Freie Wahl der Zeilenzahl und der Zeilenlänge auf einer Seite.
  - Tabulatorfunktionen.
- **Hilfen bei der Textgestaltung (Layout).** Heutige Textverarbeitungsprogramme haben bei Verfügbarkeit entsprechender Drucker eine Vielzahl von Möglichkeiten Texte ansprechend zu gestalten. Dazu gehören beispielsweise
  - Unterstreichungen,
  - Zentrierung (auf Mitte rücken),
  - Fettschrift,
  - Proportionalschrift,
  - Blocksatz, d.h. Randausgleich auch beim rechten Rand,
  - Erstellen einer Kopf- oder Fußzeile automatisch auf jeder Seite.
- Automatisches Numerieren der Seiten bei längeren Texten.

**Wichtig bei einem Textverarbeitungsprogramm ist auch, daß der Text auf dem Bildschirm so erscheint, wie er später ausgedruckt wird.**

Bei manchen Textverarbeitungsprogrammen werden auf dem Bildschirm Steuerzeichen angezeigt, die beim späteren Ausdruck nicht mehr erscheinen. Das ist verwirrend und erschwert das Gestalten von Texten.

Bei einigen auf dem Markt angebotenen Textverarbeitungsprogrammen kann die Textverarbeitung gekoppelt werden mit graphischen Gestaltungen. Diese können in einem außerordentlich benutzerfreundlichen Dialog mit dem Computer erfolgen.

### 4.8.2 Kalkulationsprogramme

Für Personal-Computer wird heute unter der Bezeichnung "Kalkulationsprogramme" Software angeboten, die für außerordentlich vielfältige Zwecke eingesetzt werden kann. Die Bezeichnung für diese Programme ist insofern irreführend, als sie zwar auch für Kalkulationen, wie sie im Rahmen der Kostenrechnung (Kostenträgerstückrechnung) vorkommen, verwendet werden können, ihre Einsatzmöglichkeiten aber weit darüberhinaus gehen. Die irreführende Bezeichnung ist vermutlich darauf zurückzuführen, daß der englische Begriff "calculation" (= Rechnung; Berechnung; Plan) ins deutsche mit "Kalkulation" übersetzt worden ist, ohne zu bedenken, daß dieser Begriff für einen bestimmten Bereich des Rechnungswesens reserviert ist.

Operationsfeld eines Kalkulationsprogramms ist eine zweidimensionale Tabelle oder Matrix. Diese besteht aus 256 x 64 Feldern oder mehr. Natürlich erscheinen nicht alle Felder gleichzeitig auf dem Bildschirm. Man kann horizontal und vertikal durch die Tabelle "blättern".

Die Felder der Tabelle können belegt werden mit

- Texten,
- Zahlen,
- Formeln.

In der Tabelle können dann verschiedene Operationen durchgeführt werden. Dadurch können insbesondere Vergleichsrechnungen oder Alternativrechnungen erleichtert werden. Das nachfolgende einfache Beispiel soll die Verwendung eines Kalkulationsprogramms verdeutlichen.

Der Ausschnitt aus einer Kalkulationstabelle enthält 14 Zeilen und 5 Spalten. Die erste Spalte enthält Texte zu den Zeilen, die zweite Zeile enthält Texte zu den Spalten. Die Tabelle soll der Ermittlung der Stückkosten von verschiedenen Produkten dienen. Eingetragen in die folgende Tabelle sind die benötigten Lohnstunden (Zeile 5) und die verbrauchten Materialmengen (Zeile 10) der einzelnen Produkte. Der Lohnsatz, der für alle Produkte gleich ist, ist nur einmal eingetragen. Materialpreise sind nur zweimal eingetragen. Für Produkt 2 gilt der gleiche Materialpreis wie für Produkt 1 und für Produkt 4 der gleiche Materialpreis wie für Produkt 3.

Beispiel eines Kalkulationsprogramms

| | 1 | 2 | 3 | 4 | 5 |
|---|---|---|---|---|---|
| 1 | | | | | |
| 2 | | PRODUKT 1 | PRODUKT 2 | PRODUKT 3 | PRODUKT 4 |
| 3 | | | | | |
| 4 | Lohnsatz | 18,24 | | | |
| 5 | Lohnstd. | 3 | 5 | 2 | 6 |
| 6 | | | | | |
| 7 | Lohnkosten | | | | |
| 8 | | | | | |
| 9 | Mat.Preise | 0,80 | | 1,30 | |
| 10 | Mat.Menge | 124 | 75 | 55 | 65 |
| 11 | | | | | |
| 12 | Mat.Kosten | | | | |
| 13 | | | | | |
| 14 | Ges.Kosten | | | | |

In die **freien** Felder der Tabelle werden jetzt Formeln bzw. Vorschriften eingetragen, die angeben, wie die Zahlen für diese Felder zu ermitteln sind. Gerechnet wird dabei mit Zahlen, die bereits in der Tabelle stehen. Die Berechnungsvorschriften geben an, aus welcher Spalte bzw. welcher Zeile die zu verwendenden Zahlen genommen werden müssen und welche Operationen durchzuführen sind.

Dabei bedeutet:

R die Zahl ist aus derselben Zeile zu nehmen;

R(-1) die Zahl ist aus der vorhergehenden Zeile zu nehmen;

R(-2) die Zahl ist aus der Zeile mit einer um 2 niedrigeren Nummer zu nehmen;

R(-3) die Zahl ist aus der Zeile mit einer um 3 niedrigeren Nummer zu nehmen;

usw.

C die Zahl ist aus derselben Spalte zu nehmen;

C(-1) die Zahl ist aus der vorhergehenden Spalte zu übernehmen;

C(-2) die Zahl ist aus der Spalte mit einer um 2 niedrigeren Nummer zu nehmen;

usw.

* Multiplikation;

\+ Addition.

Es bedeutet dann beispielsweise

RC(-2) besetze das Feld mit der Zahl, die in derselben Zeile in der Spalte mit einer um 2 niedrigeren Nummer steht;

R(-3)C*R(-2)C Multipliziere die in dieser Spalte stehenden Zahlen, die in der Zeile mit einer um 2 niedrigeren Nummer und in der Zeile mit einer um 3 niedrigeren Nummer stehen miteinander und setze das Ergebnis in dieses Feld.

Beispiel eines Kalkulationsprogramms

| | 1 | 2 | 3 | 4 | 5 |
|---|---|---|---|---|---|
| 1 | | | | | |
| 2 | | PRODUKT 1 | PRODUKT 2 | PRODUKT 3 | PRODUKT 4 |
| 3 | | | | | |
| 4 | Lohnsatz | 18,24 | RC(-1) | RC(-2) | RC(-3) |
| 5 | Lohnstd. | 3 | 5 | 2 | 6 |
| 6 | | | | | |
| 7 | Lohnkosten | R(-3)C*R(-2)C | R(-3)C*R(-2)C | R(-3)C*R(-2)C | R(-3)C*R(-2)C |
| 8 | | | | | |
| 9 | Mat.Preise | 0,80 | | 1,30 | |
| 10 | Mat.Menge | 124 | 75 | 55 | 65 |
| 11 | | | | | |
| 12 | Mat.Kosten | R(-3)C*R(-2)C | R(-3)C*R(-2)C | R(-3)C*R(-2)C | R(-3)C*R(-2)C |
| 13 | | | | | |
| 14 | Ges.Kosten | R(-7)C+R(-2)C | R(-7)C+R(-2)C | R(-7)C+R(-2)C | R(-7)C+R(-2)C |

Unter Verwendung dieser Rechenvorschriften werden dann die fehlenden Zahlen ergänzt und die Lohnkosten, die Materialkosten und die Gesamtkosten berechnet. Das Ergebnis zeigt die nachfolgende Tabelle:

Beispiel eines Kalkulationsprogramms

| | 1 | 2 | 3 | 4 | 5 |
|---|---|---|---|---|---|
| 1 | | | | | |
| 2 | | PRODUKT 1 | PRODUKT 2 | PRODUKT 3 | PRODUKT 4 |
| 3 | | | | | |
| 4 | Lohnsatz | 18,24 | 18,24 | 18,24 | 18,24 |
| 5 | Lohnstd. | 3 | 5 | 2 | 6 |
| 6 | | | | | |
| 7 | Lohnkosten | 54,72 | 91,20 | 36,48 | 109,44 |
| 8 | | | | | |
| 9 | Mat.Preise | 0,80 | 0,80 | 1,30 | 1,30 |
| 10 | Mat.Menge | 124 | 75 | 55 | 65 |
| 11 | | | | | |
| 12 | Mat.Kosten | 99,20 | 60,00 | 71,50 | 84,50 |
| 13 | | | | | |
| 14 | Ges.Kosten | 143,92 | 151,20 | 107,98 | 193,94 |

Der Vorteil eines Kalkulationsprogramms ist, daß beispielsweise die Änderung einzelner Zahlen problemlos berücksichtigt werden kann. Ändert sich z.B. der Lohnsatz, dann wird nur der Betrag von DM 18,24 (Zeile 4/Spalte 2) geändert. Das Programm ändert dann automatisch alle Zahlen, die von der Änderung des Lohnsatzes beeinflußt werden.

Kalkulationsprogramme eignen sich, wie das Beispiel zeigt, insbesondere für Vergleichs- und Alternativrechnungen (s.o.). Spezielle Anwendungsbereiche sind z.B.:

- Vergleich alternativer Finanzierungsmodelle,
- Inventurbewertungen,
- Kostenträgerrechnungen,
- Betriebsabrechnung,
- Angebotserstellung,
- Absatzstatistiken,
- Absatzprognosen,
- Kostenvergleiche,

usw.

### 4.8.3 Kartei- und Dateiprogramme

Angeboten werden für Personal-Computer auch Programme, die speziell für die Speicherung größerer Datenmengen eingerichtet sind. Diese eignen sich z.B., um über einen Personal-Computer die

- Kundenkartei,
- Artikelkartei,
- Personalkartei,
- Lagerkartei,
- oder andere Datenbestände

zu verwalten.

Damit ein Kartei- und Dateiprogramm gegenüber einer manuellen Kartei wirklich zu einer Verbesserung führt, ist auf folgendes zu achten:

- **Änderungen** müssen bequem und schnell durchführbar sein,
- die **Dateigröße** muß ausreichend sein und Erweiterungen zulassen,
- **Suchen,** auch mit verknüpften Suchbegriffen (z.B. Heraussuchen aller Kunden in einem bestimmten Postleitgebiet, die bestimmte Artikel beziehen), muß bequem und schnell möglich sein,
- **Sortieren** muß ebenfalls schnell durchgeführt werden können,
- die **Ausgaben** sollten frei wählbar sein, damit ein solches Programm z.B. auch zum Adressenschreiben oder zum Erstellen von Listen verwendet werden kann.

### 4.8.4 Finanzbuchhaltung

Auf dem Softwaremarkt für Personal-Computer werden heute eine Reihe von Finanzbuchhaltungsprogrammen angeboten. Diese unterscheiden sich nicht nur durch ihren Preis, sondern auch durch ihre inhaltliche Auslegung.

Ein Finanzbuchhaltungs-Programm sollte folgende Moduln (Bausteine) enthalten:

- Datenerfassung. Die Datenerfassung sollte im Dialog vorgenommen werden.

- Sachkontenbuchhaltung.
- Kreditorenbuchhaltung.
- Offene-Posten-Buchhaltung.
- Jahresabschluß mit
  - Bilanz
  - Gewinn- und Verlustrechnung.
- Betriebswirtschaftliche Auswertungen.

Es gibt eine Vielzahl von Einzelkriterien bzw. Anforderungen an ein Finanzbuchhaltungsprogramm. Dazu gehören z.B. automatisches Mahnwesen, Möglichkeit der Kontenauskunft, Schreiben von Überweisungen und Schecks, usw.. Grundsätzlich ist hier von den speziellen Bedürfnissen des Betriebes auszugehen. Voraussetzung ist also ein detaillierter Anforderungskatalog, der dann die Basis für die Softwareauswahl sein kann.

### 4.8.5 Lohn- und Gehaltsbuchhaltung

Auch zur Lohn- und Gehaltsbuchhaltung werden heute viele Programme angeboten. Folgende Bausteine sollte ein Lohn- bzw. Gehaltsbuchhaltungsprogramm enthalten:

- Erfassung und Änderung von Personalstammdaten;
- Brutto- und Nettolohnabrechnung;
- Lohnkonto und Lohnjournal;
- Überweisungsträger für Lohn bzw. Gehalt und vermögenswirksame Leistungen;
- Banksammel-, Barauszahlung- und Geldsortierlisten;
- Listen für Beitragsnachweise zur Sozialversicherung und für Lohnsteueranmeldungen;
- Lohnverteilungslisten;
- Jahresabschlußarbeiten;
- Verdienst- bzw. Einkommensbescheinigungen für das Finanzamt.

Diese Hinweise auf verschiedene Anwendungsprogramme konnten nur einen kurzen Einblick in die Vielfalt, der auf dem Markt angebotenen Anwendersoftware und die Probleme ihrer Beschaffung geben.

# 5. Vorbereitung und Planung eines Personal-Computer-Einsatzes

## 5.1 Vorüberlegungen

Aus den bisherigen Ausführungen wird deutlich, daß für einen möglichen Einsatz eines Personal-Computers im Betrieb einige **Vorüberlegungen** angebracht sind. Dazu gehören:

- gründliche **Information über Aufbau, Funktionsweise, Einsatzmöglichkeiten,** Leistungsfähigkeit und Liefermöglichkeiten von Personal-Computern;
- **Einstellung auf kurze Planungshorizonte,** um der schnellen Entwicklung dieses Marktes gerecht zu werden;
- Vorbereitung von **Aus- und Weiterbildungsmaßnahmen** für die Mitarbeiter;
- Vorbereitung der **organisatorischen Anpassung** von Arbeitsabläufen, Datenstrukturen und einzelnen Verrichtungen;
- Grobbeschreibung der **Aufgabenbereiche für den Personal-Computer-Einsatz,** um Größe und Leistungsfähigkeit des zu beschaffenden Systems eingrenzen zu können;
- die Aufstellung eines **Pflichtenheftes** für den Personal-Computer-Einsatz;
- die **Auswahl** eines potenten Lieferanten;
- Überlegungen über die **organisatorische Einbindung** und Betreuung der Personal-Computer.

Schließlich ist zu prüfen, ob ein Personal-Computer-Einsatz unter Wirtschaftlichkeitsgesichtspunkten überhaupt sinnvoll ist.

Bei der Beschäftigung mit Personal-Computern und Anbietern dieser Geräte und der zugehörigen Software ist zu beachten, daß der **Personal-Computermarkt** in Deutschland **kaum noch überschaubar** ist. Es gibt über 100 Gerätehersteller mit meist mehreren verschiedenen Produkten und einige hundert Softwareanbieter. Zu den Vorüberlegungen gehört nicht nur das Bewußtsein um diesen Tatbestand, sondern auch die Konzentration auf wenige potente Anbieter mit ausreichender Erfahrung und gutem Service. Geräte kleinerer Hersteller sind zudem mitunter Nachbauten oder Kopien von bekannten, im Markt eingeführten bzw. verbreiteten Computern.

## 5.2 Welche Grundkenntnisse sind zur Beurteilung eines Personal-Computer-Einsatzes notwendig?

Zu den Vorüberlegungen eines Personal-Computer-Einsatzes gehört auf jeden Fall, daß man sich gründlich über Aufbau, Funktionsweise, Einsatzmöglichkeiten, Leistungsfähigkeit und Liefermöglichkeiten von Personal-Computern informiert. Wer das nötige Grundwissen noch nicht besitzt, kann dazu einschlägige Lehrprogramme, Seminare oder Ausbildungsveranstaltungen besuchen, die heute von verschiedenen Veranstaltern angeboten werden. Dabei ist es nützlich, wenn man sich nicht nur speziell über Personal-Computer informiert, sondern auch über die Grundlagen der elektronischen Datenverarbeitung (EDV) und ihre betrieblichen Einsatzmöglichkeiten. Dazu kommt die Möglichkeit, sich das erforderliche Wissen durch die Lektüre von Fachbüchern und Fachzeitschriften anzueignen.

Bei der Beschäftigung mit den Grundlagen von Personal-Computern ist zu beachten, daß der gesamte Bereich der Elektronik und Mikroelektronik sich in einer außerordentlich schnellen Entwicklung und Bewegung befindet. Mitunter werden fast täglich Neuerungen, Verbesserungen und Fortschritte angekündigt bzw. herausgebracht. Eine einmalige Aneignung von Kenntnissen reicht also nicht aus, sondern es ist erforderlich, hier die Entwicklung zu verfolgen und Neuerungen auf ihre betriebliche Verwendbarkeit zu prüfen.

Bei der Beschäftigung mit den Grundlagen von Hardware und Software von Personal-Computern und ihren betrieblichen Einsatzmöglichkeiten sollte immer von folgender Grundregel ausgegangen werden:

**Wer über neue Technologien nicht solide Grundkenntnisse besitzt, kann auch nicht über ihren betrieblichen Einsatz entscheiden.**

In den Kapiteln 2 bis 4 dieses Leitfadens wurde der Rahmen abgesteckt, auf den sich diese Informationspflicht erstrecken muß.

Die wichtigsten Grundkenntnisse über die Hardware enthält Kapitel 3. Für die Anwendung reicht aber die Lektüre allein nicht aus. Es ist unbedingt empfehlenswert, sich Personal-Computer anzuschauen und sich darüberhinaus **mit der Bedienung und der Arbeitsweise dieser Geräte vertraut zu machen.** Man sollte also, ehe man einen Personal-Computer-Einsatz für einen Betrieb vorbereitet, selbst (und sei es auch nur für einfache Anwendungen) mit einem solchen Gerät gearbeitet haben, wobei evtl. auch das Arbeiten mit einem Home-Computer ausreicht.

In Kapitel 4 wurden Hinweise für die Beurteilung von Software gegeben. Auch hier gilt, daß die "theoretische" Beschäftigung mit der Materie nicht ausreicht. Für die Prüfung und Vorbereitung eines betrieblichen Personal-Computer-Einsatzes ist es unverzichtbar mit verschiedenen Softwarepaketen zu arbeiten, um sich mit den Anwendungsmöglichkeiten der Programme, mit ihrer Bedienung und ihrer Handhabung vertraut zu machen. Dabei ist es besonders nützlich, wenn man **möglichst viele verschiedene Programme kennengelernt** hat, um so Vergleichsmaßstäbe und solide Beurteilungsgrundlagen zu haben.

In Kapitel 2 wurde darauf eingegangen, in welchen Bereichen Personal-Computer überhaupt eingesetzt werden können. Dieser Überblick ist naturgemäß nicht vollständig. Für die betriebliche Praxis sollte davon ausgegangen werden, daß die meisten kaufmännischen und Verwaltungstätigkeiten, aber auch technische Arbeiten (Berechnungen usw.) über Personal-Computer abgewickelt werden können bzw. durch einen Personal-Computer-Einsatz unterstützt werden können.

Um einen PC-Einsatz für einen Betrieb prüfen zu können, sind aber auch **betriebswirtschaftliche Kenntnisse** notwendig. Für jeden Einsatz im kaufmännischen bzw. Verwaltungsbereich eines Betriebes sind die organisatorischen Abläufe im Betrieb zu analysieren und für einen Computereinsatz anzupassen. Es empfiehlt sich deshalb, neben der Beschäftigung mit Hard- und Software von Personal-Computern sich auch mit den **organisatorischen Grundlagen** vertraut zu machen.

## 5.3 Anforderungen an Organisation und Arbeitsabläufe

### 5.3.1 Allgemeine Anforderungen

Ebenso wie der Einsatz von Großrechnern erfordert auch die Verwendung von Personal-Computern eine **organisatorische Anpassung** der Arbeitsabläufe, Datenstrukturen und Einzeltätigkeiten. Ohne die konsequente Bereitschaft dazu kann ein Personal-Computer-Einsatz kaum erfolgreich sein. Hier müssen alle Beteiligten möglichst schon in einem frühen Stadium lernen umzudenken.

Um festzustellen, ob betriebliche Aufgaben mit einem Personal-Computer-Einsatz bewältigt werden können, ist von folgenden grundsätzlichen Anforderungen auszugehen:

- Die **Arbeitsabläufe** müssen **eindeutig fixierbar** sein, da sie sonst nicht auf einen Computer übertragbar sind.
- **Daten und Informationen müssen** so beschaffen sein, daß sie **sich für eine maschinelle Verarbeitung eignen.** Dazu gehört in erster Linie eine eindeutige Struktur.
- Die auf einen Personal-Computer übertragbaren Aufgaben sollten wiederholt auftreten. Für einmalige Arbeiten lohnt sich häufig ein Personal-Computer-Einsatz nicht. Eine wirtschaftliche Nutzung ergibt sich im Regelfall erst dann, wenn **ständig wiederkehrende Arbeiten** mit Computerunterstützung erledigt werden.

### 5.3.2 Aufgaben- und Ablaufanalyse

Um festzustellen, ob sich Arbeiten auf einen Personal-Computer übertragen lassen, ist eine detaillierte Aufgaben- und Ablaufanalyse erforderlich. Dazu können folgende Fragen gestellt werden (vgl. dazu auch Bernhardt/Liebing S. 18ff):

- **Welche Arbeitsgänge** kommen vor?
  - Wodurch werden Arbeitsgänge ausgelöst?
  - Welche Daten werden als Eingabe benötigt und welche Daten fallen als Ausgabe an?
  - Wie häufig bzw. in welchen Zeitabständen ist der Arbeitsgang durchzuführen?
  - Welche einzelnen Arbeitsschritte sind durchzuführen und welche Regeln sind dabei einzuhalten?

- In welcher **Reihenfolge** sind Arbeitsgänge durchzuführen?
  - Zu jedem Arbeitsgang ist anzugeben, welche unmittelbar vorhergehenden und welche unmittelbar nachfolgenden Arbeitsgänge existieren.
  - Die Reihenfolge bzw. die Abhängigkeiten von Arbeitsgängen sind in einem Diagramm graphisch darzustellen.

- **Welche Daten bzw. Informationen** werden verarbeitet?
  - Welche Struktur haben Daten? (Zahlen, Worte, alphanumerische Zeichen, andere Datenformen (z.B. Zeichnungen)).
  - Welche Dateien sind erforderlich bzw. wo werden welche Datenbestände verwaltet?
  - Wie oft werden die einzelnen Daten bzw. Informationen benötigt?

Die einzelnen Aufgaben und Arbeitsabläufe sind für die Vorbereitung eines betrieblichen PC-Einsatzes detailliert zu erfassen und zu beschreiben und soweit möglich in graphischen Ablaufplänen darzustellen.

### 5.3.3 Entwicklung eines Sollkonzepts

Ausgehend von der Aufgaben- und Ablaufanalyse ist ein Sollkonzept zu entwickeln. Dieses Sollkonzept kann jedoch nicht entworfen werden ohne zumindest parallel dazu das auf dem Markt vorhandene Softwareangebot für den jeweiligen Aufgabenbereich zu prüfen. Gerade für Klein- und Mittelbetriebe wird es im Regelfall schon aus Kostengründen nicht möglich sein, eigene Programme zu entwickeln oder entwickeln zu lassen, sondern man wird auf Standardsoftware zurückgreifen. Deshalb ist in einer ersten Phase nur festzulegen, welche betrieblichen Aufgaben unter Personal-Computer-Einsatz durchgeführt werden sollen und welche Anforderungen das System erfüllen muß:

- Welche einzelnen **Arbeitsschritte** sollen durch das Programm erledigt werden?

- Welche **Datenmengen** muß das Programm verarbeiten können?

- Wie **schnell** muß das Programm sein?

- Soll eine jederzeitige sofortige Verarbeitung möglich sein? Das ist möglich bei **Dialogbetrieb,** bei dem eine unmittelbare Mensch-Maschine-Kommunikation erfolgt und die gewünschten Aufgaben durch den Computer sofort erledigt werden. Andernfalls reicht eine Verarbeitung im sogenannten **Stapelbetrieb** aus, bei dem die Eingabedaten sofort in den Computer gegeben werden oder aber in regelmäßigen Zeitabständen und die eigentliche Verarbeitung dann nur zu gewissen Zeiten erfolgt.

Die Entwicklung eines Sollkonzepts in dem skizzierten Sinn geschieht im Rahmen der Zusammenstellung eines Pflichtenheftes, auf die im Abschnitt 5.4 kurz eingegangen wird.

Soll ein eigenes Programm für bestimmte betriebliche Aufgaben entwickelt werden, dann erfordert die Sollkonzeption erheblichen Aufwand. Auf Einzelheiten kann im Rahmen dieses einführenden Leitfadens nicht eingegangen werden und es muß auf Spezialliteratur dazu verwiesen werden.

### 5.3.4 Daten und Dateien

Bei einem Computereinsatz spielt der Aufbau und die Verwaltung von Datenbeständen eine wichtige Rolle. Folgende Datenarten werden unterschieden:

**Stammdaten**
Dazu gehören alle Informationen, die sich nicht oder nur sehr selten ändern, wie z.B. Personalnummer, Name, Anschrift, Geburtsdatum, Familienstand von Mitarbeitern oder Firmenname, Ansprechpartner eines Kunden.

**Bestandsdaten**
Durch Bestandsdaten werden Bestände festgehalten (Lager, Konto). Bestände verändern sich mehr oder weniger oft. Diese Veränderungen werden durch **Fortschreibung** (laufend oder in regelmäßigen Zeitabständen) erfaßt.
Manchmal werden Bestandsdaten und Stammdaten zusammengefaßt.

**Bewegungsdaten**
Bewegungsdaten entsprechen den Veränderungen von Beständen (Warenlieferung, Lagerentnahme; Einzahlung, Auszahlung).

Eine **Datei** besteht aus logisch zusammengehörigen Datensätzen. Bei betrieblichen Anwendungen haben alle Datensätze einer Datei im Regelfall einen einheitlichen Ordnungsbegriff wie z.B. die Personaldatei, die Kundendatei oder die Artikeldatei.

Beim Aufbau einer Datei sind die Datensätze, die in der Datei abgelegt werden sollen, mit einem Schlüssel zu versehen. Ein solcher Datenschlüssel kann aus alphabetischen oder numerischen (oder beiden Arten von) Zeichen zusammengesetzt sein. Beim **Aufbau eines Schlüsselsystems** für betriebliche Daten ist auf einen **übersichtlichen** Aufbau und auf **Erweiterungsmöglichkeit** besonders zu achten.

Bei einem **identifizierenden Schlüssel** werden die Datensätze mit einem eindeutigen Schlüsselzeichen versehen, ohne daß aus dem Schlüssel selbst auf das jeweilige Objekt geschlossen werden kann. Die einfachste Form eines identifizierenden Schlüssels ist die fortlaufende Numerierung.
Bei einem **klassifizierenden Schlüssel** kann aus dem Schlüssel selbst auf das Objekt geschlossen werden.

Häufig werden gemischte Schlüssel mit einem identifizierenden und mit einem klassifizierenden Teil verwendet. Autokennzeichen (klassifizierender Teil: Buchstabenkombination für den Zulassungsbezirk; identifizierender Teil: Buchstaben-Zahlen-Kombination) und Zugnummern (Buchstaben für den Zugtyp und Zahlen für die laufende Nummer) sind Beispiele.

Jeder **Datenschlüssel muß eindeutig sein** und Verwechslungsmöglichkeiten ausschließen. Wichtig ist, daß ein Schlüssel **nicht zu lang** wird, da sonst die Handhabung zu aufwendig wird.

Bei der Entwicklung eines Datenverarbeitungskonzepts sollte Wert darauf gelegt werden, daß Datenbestände nur einmal im Betrieb verwaltet werden. Sind die vorgesehenen Computerprogramme so beschaffen, daß bestimmte Daten mehrfach in Dateien enthalten sind, dann besteht die Gefahr, daß über den gleichen Sachverhalt Dateien mit unterschiedlichem Aktualisierungsgrad gehalten werden. Bei der Softwareprüfung ist also auf den Dateienaufbau, auf die Kapazität von Dateien und auf die Zugriffsmöglichkeiten besonders zu achten.

## 5.4 Das Pflichtenheft

### 5.4.1 Zweck

Bevor über den betrieblichen Einsatz von Personal-Computern und über den oder die Lieferanten entschieden werden kann, ist eine präzise und detaillierte **Beschreibung der Aufgaben und Anforderungen** unbedingt erforderlich. Dazu eignet sich besonders ein Pflichtenheft, das sowohl für den Betrieb (bzw. die für den Personal-Computer-Einsatz im Betrieb Verantwortlichen) als auch für den oder die Lieferanten ein nützliches und wichtiges Hilfsmittel ist.

**Das Pflichtenheft erfüllt folgende Zwecke:**

- Beschreibung des **Istzustandes,** wobei insbesondere auf Schwachstellen und Probleme hinzuweisen ist.
- Beschreibung der **Ziele,** die mit dem Personal-Computer-Einsatz erreicht werden sollen.
- Ausführliche Beschreibung der konkreten **betrieblichen Aufgaben,** die mit dem Personal-Computer bearbeitet werden sollen.
- Klare Formulierung der **Anforderungen an den Personal-Computer-Einsatz.**

Ein sorgfältig erarbeitetes Pflichtenheft bietet eine solide Grundlage für das Einholen von Angeboten und vor allem für den erforderlichen Angebotsvergleich sowie für die Vertragsverhandlungen.

Auf der Grundlage eines umfassenden Pflichtenheftes wird die organisatorische Umstellung, die mit dem Einsatz von Personal-Computern verbunden ist, leicht zu bewältigen sein.

Insgesamt wird die Planung und Realisierung des Personal-Computer-Einsatzes durch ein Pflichtenheft systematisiert und damit wesentlich erleichert.

### 5.4.2 Inhalt

Die wichtigsten **Inhalte eines Pflichtenheftes** sind die folgenden (vgl. dazu Becker u.a. S. 335 ff, Schweiz. Verein. f. Datenverarb.):

a) **Aufgabenbeschreibung**

(1) Zusammenstellung wichtiger **Informationen über den Betrieb** (Größe, Branche etc.).

(2) **Ziele** des **Personal-Computer-Einsatzes,** z.B.
- Verbesserung der Wirtschaftlichkeit,
- Einsparungen (an Kosten, Personal etc.),
- Informationsbereitschaft erhöhen,
- Verbesserung von Betriebsbedingungen (Zuverlässigkeit, Servicegrad, Bearbeitungszeiten etc.).

(3) **Beschreibung des Ist-Zustandes** der für einen **Personal-Computer-Einsatz** infrage kommenden Bereiche (Arbeitsabläufe, Informationsflüsse, Personalsituation etc.).

(4) Zusammenstellung von **Mengen und Häufigkeiten** (für Daten, Arbeitsvorgänge etc.).

(5) **Generelle Anforderungen an das Personal-Computerkonzept,** wie z.B.
- Bevorzugung von Standardprogrammen,
- Hard- und Software aus einer Hand,
- Umfang der angestrebten Lösung ("schlüsselfertig"?),
- Personalschulung,
- Gewährleistungen (z.B. für Störungen, Dokumentation, Zeitverhalten der Programme),
- Ausbaufähigkeit,
- stufenweise Realisierung,
- auf dem Bildschirm erscheinender Text in deutscher Sprache,
- deutschsprachige Handbücher.

(6) **Detailbeschreibung der Funktionen,** die der Personal-Computer übernehmen soll.
Neben der Beschreibung des Ist-Zustandes (3) und der Zusammenstellung von Mengen und Häufigkeiten (4) ist eine ausführliche Beschreibung der für einen Personal-Computer-Einsatz vorgesehenen betrieblichen Aufgabenbereiche erforderlich. Dabei sollte nicht von Ist-Zuständen ausgegangen werden, sondern es geht um die Entwicklung eines Sollkonzeptes. Praktisch heißt das, daß die Punkte (3), (4) und (6) im Rahmen der Erstellung des Pflichtenheftes gemeinsam erarbeitet werden müssen.

(7) Anforderungen an die **Benutzerfreundlichkeit.**
Hier spielt vor allem die Frage eine Rolle, ob im Betrieb DV-Fachpersonal zur Verfügung steht oder nicht. Im letzteren Fall sind besonders hohe Anforderungen an eine einfache Handhabung der Programme und an die Sicherheit des Computereinsatzes zu stellen.

### b) Fragen-bzw. Anforderungskatalog zum Personal-Computer-Einsatz

Durch Vorgaben und durch **gezieltes Abfragen** sind hier z.B. folgende Punkte zu klären:

(1) **Hardware**-Konfiguration (Ausbaufähigkeit beachten);

(2) **Systemsoftware** (z.B. Betriebssystem);

(3) **Anwendungssoftware** (Welche Standardsoftware steht zur Verfügung? Welche Individualprogramme sind erforderlich? etc.);

(4) **Kosten** für
- Investitionen (Hardware, Software),
- Umstellung,
- Schulung und Weiterbildung;
- laufenden Betrieb;

(5) Umfang, Art und Kosten der **Lieferantenunterstützung;**

(6) **Vertragsbedingungen,** und zwar hinsichtlich
- Lieferbedingungen,
- Garantie (auch Software!),
- Zahlungsbedingungen;

(7) Art und Kosten der **Datenübernahme;**

(8) **Wartungsbedingungen;**

(9) Sicherstellung von **Datenschutzanforderungen;**

(10) **Liefertermine;**

und schließlich auch die

(11) **Bonität des Lieferanten** (Referenzen etc. verlangen).

Das Pflichtenheft kann natürlich gegenüber dieser Grobstruktur erweitert und differenziert werden. Im einzelnen sind hier die individuellen betrieblichen Bedürfnisse maßgebend. Generell ist festzuhalten, daß ein Pflichtenheft die **Ziele** (betriebliche Aufgabenstellung) **und den Weg zur Zielerreichung genau und umfassend darlegen** soll.

Die Erstellung eines Pflichtenheftes erfordert **umfassende Betriebskenntnisse** und umfassende Kenntnisse über Personal-Computer, deren Leistungsfähigkeit und deren Anwendungsmöglichkeiten. Das Pflichtenheft wird deshalb meist das Ergebnis einer **Teamarbeit** sein, wobei auch externe Berater hinzugezogen werden können.

## 5.5 Aus- und Weiterbildung der Mitarbeiter

Der Einsatz von Personal-Computern führt - auch in Klein- und Mittelbetrieben - zu veränderten Arbeitsplätzen mit neuen Anforderungen an die Mitarbeiter. Ein erfolgreicher Einsatz von Personal-Computern setzt voraus, daß die Mitarbeiter, die mit dem Personal-Computer umzugehen haben, mit den Grundzügen des Aufbaus und der Arbeitsweise von Computern ausreichend vertraut sind. Außerdem erfordert der Personal-Computer-Einsatz ausreichend Einarbeitungs- und Trainingsmöglichkeiten.

Da bislang Aus- und Weiterbildung sowohl quantitativ als auch qualitativ mit der technologischen Entwicklung und ihren Anwendungsmöglichkeiten nicht Schritt gehalten haben, ist auf betrieblicher Ebene durchweg ein erheblicher Nachholbedarf aufzuarbeiten.

## 5.6 Organisatorische Einbindung und Betreuung von Personal-Computern

Die organisationstechnische Einbindung von Personal-Computern kann, je nach den zu übernehmenden Aufgaben und Arbeitsabläufen, aber auch in Abhängigkeit von der Betriebsgröße, als Einplatzsystem, Mehrplatzsystem oder Rechnernetz erfolgen (s.o.). Bei Mittel- und Großbetrieben sollte man immer einen **Rechnerverbund** konzipieren, oder doch zumindest die Möglichkeit eines späteren Verbundes vorsehen.

Rechnerverbundsysteme

- können die Leistungsfähigkeit von "klassischen" Rechenzentren bei wesentlich günstigerem Preis-Leistungs-Verhältnis erreichen;
- ergänzen schon vorhandene Einplatzsysteme und führen zu einem erweiterten Anwendungsspektrum dieser Systeme;
- schaffen eine außerordentlich flexible Datenverarbeitung;
- erlauben einen stufenweisen Systemausbau und eine problemlose Anpassung an technologische Veränderungen.

Auch in kleineren Betrieben sollte man immer die Möglichkeit eines Rechnerverbunds vorsehen, auch wenn zunächst nur ein einzelnes System eingesetzt wird. Dadurch besteht die Möglichkeit bei einem späteren Ausbau des Personal-Computer-Einsatzes die vorhandenen Rechner zusammenzuschließen und beispielsweise Datenbestände nur an einer Stelle vorhalten und verwalten zu müssen.

Bei der Installation von Personal-Computern ist davon auszugehen, daß die kompakten und leistungsfähigen Geräte Tendenzen zu einer Dezentralisierung der Datenverarbeitung fördern. Obwohl Vernetzungsmöglichkeiten und Rechnerverbund dieser Tendenz entgegenwirken, muß ausdrücklich vor den **Gefahren einer**

**Dezentralisierung** gewarnt werden. Bei isoliert arbeitenden Personal-Computern bestehen z.B. folgende Gefahren:

- Die Geräte sind nicht kompatibel, d.h. Programme können nicht ausgetauscht werden, Peripheriegeräte (z.B. Plotter, Drucker) eines Systems können nicht an ein anderes System angeschlossen werden.
- Datenbestände bzw. Dateien werden an mehreren Stellen mit unterschiedlichem Aktualisierungsgrad geführt.
- An den Personal-Computerarbeitsplätzen bzw. in den Fachabteilungen ist nicht immer die für einen optimalen Betrieb erforderliche Sachkenntnis über die Computer vorhanden.
- Schulungsaufwand und Betriebskosten können höher sein.
- Abteilungsegoistische Insellösungen können optimale Betriebsabläufe infrage stellen.

Diese kurzen Überlegungen zeigen, daß die **Verantwortung für die gesamte Datenverarbeitung,** also auch für die Personal-Computer, **in zentraler Verantwortung** liegen muß. Alle Unternehmungsaktivitäten der

Verarbeitung,
Übertragung und
Speicherung

von Daten, Texten, Bildern und Sprache sollten **zentral gesteuert und koordiniert** werden, und zwar in

kaufmännisch-betriebswirtschaftlicher,
technischer,
juristischer,
sozialer und psychologischer

Sicht.

Für Kleinbetriebe bedeutet das, daß **Inhaber oder Geschäftsführer,** die für die mit einem Personal-Computer-Einsatz verbundenen Entscheidungen **erforderliche Sachkenntnis** - nicht Spezialisierung - besitzen sollten. Sofern nicht auf die Unterstützung eines sachkundigen Beraters zurückgegriffen werden soll, muß ein Verantwortlicher im Betrieb für den Einsatz der Personal-Computer bestimmt werden. Dabei ist zu beachten, daß hier nicht nur in der Vorphase entsprechende **Maßnahmen** nötig sind, sondern auch eine **laufende Information** (Seminare, Vorträge, Fachzeitschriften) wichtig ist, um auf diesem Gebiet aktuelle Entwicklungen und für den Betrieb wichtige Neuerungen frühzeitig zu erkennen und ihre Nutzungsmöglichkeiten zu prüfen.

## 5.7 Organisatorische Erfordernisse für einen Personal-Computer-Einsatz in größeren Betrieben

**Klein- und Mittelbetrieben,** denen bislang ein Rechnereinsatz wegen der Größe und vor allem der hohen Kosten versagt blieb, wird erst durch die Personal-Computer ein Zugang zur automatisierten Datenverarbeitung geschaffen, sofern sie nicht schon DV-Arbeiten außer Haus vergeben haben. Personal-Computer können **aber auch in Großbetrieben sinnvoll** eingesetzt werden, und zwar in folgender Hinsicht (vgl. Weinrich, Heiligenstadt, S.103)

- Entlastung eines zentralen Rechners durch kostengünstiges Erfassen und Vorverarbeiten von Daten;
- Individuelle Systemauslegung und arbeitsplatzspezifische Anpassung;
- Entlastung eines zentralen Rechners durch dezentrale Aufgabenbewältigung;
- Teilweise oder völlige Unabhängigkeit von Ausfällen und Störungen einer zentralen Datenverarbeitung und der Übertragungsnetze;
- Verbessertes Anwortzeitverhalten bei Abfragen von Datenbeständen und Bedienung von Anwendungen.

Mittel- und Großbetriebe sollten eine zentrale Datenverarbeitungsstelle einrichten, die für den betrieblichen Personal-Computer-Einsatz vor allem folgende Aufgaben übernimmt:

- Erledigung aller zentral abzuwickelnden Aufgaben wie Management-Informationssysteme, Jahresabschlußarbeiten etc., und Vorhaltung hochleistungsfähiger Rechnerkapazität für besondere Aufgaben.
- **Zentrale Gerätebeschaffung** bzw. Beratung bei der Beschaffung, um alle Datenverarbeitungsbereiche aufeinander abzustimmen und mit fundierter Sachkenntnis einzukaufen.
- **Gerätebetreuung** durch Spezialisten. Hierzu können Wartungsaufgaben gehören, aber auch die Klärung von Fragen beim Geräteeinsatz.
- **Systementwicklung.** Für die Entwicklung von Organisationskonzepten der Informationsverarbeitung und Kommunikation und deren praktische Umsetzung sind entsprechend ausgebildete Spezialisten unverzichtbar. Zu diesem Bereich gehört insbesondere auch die Softwareentwicklung, Softwarebeschaffung und die Softwarepflege.

- **Datenbanken.** Kaum ein Mittel- oder Großbetrieb wird auf die zentrale Führung und Verwaltung von Datenbeständen verzichten können. Dafür gibt es folgende Gründe:

  - **Dateien müssen ständig gepflegt und aktualisiert werden.** Bei dezentraler Datenhaltung besteht die Gefahr, daß
    a) über den gleichen Sachverhalt unterschiedlich aktuelle Dateien bestehen;
    b) Pflege und Aktualisierung nicht mit der gebotenen Sorgfalt durchgeführt werden;
    c) Datenbestände mehrfach unterhalten werden und dadurch unnötiger Aufwand betrieben wird.

  - Durch die in den letzten Jahren verschärften **Datenschutzbestimmungen,** aber auch aus verschiedenen unternehmenspolitischen Gründen (Abschirmung vor der Konkurrenz u.a.), sind bei der Datenhaltung besondere Sicherheits- und Schutzbestimmungen einzuhalten, die zentral besser aufgebaut und eingehalten werden können als dezentral.

- **Rechtsfragen.** Auch beim Einsatz von Personal-Computern treten spezielle Rechtsprobleme auf, und zwar nicht nur im Datenschutzbereich, sondern auch im Urheberrecht für Programm- und Systementwicklungen sowie beim Kauf von Programmen oder Geräten.

Die sachgerechte Ausübung dieser und anderer für den Personal-Computer-Einsatz wichtiger Funktionen erfordert **intensiv geschultes Personal,** das sich, um auch neue Entwicklungen im Griff zu haben, in einem ständigen Fortbildungsprozeß befinden muß. Derartige Spezialisten müssen, schon aus Kostengründen, für den Gesamtbetrieb tätig sein und nicht nur innerhalb der einzelnen Fachabteilungen.

# 6. Überlegungen zu einem wirtschaftlichen Personal-Computer-Einsatz

## 6.1 Voraussetzungen für einen wirtschaftlichen Einsatz

Wie jede Investitionsentscheidung oder organisatorische Umstellung erfordert der Personal-Computer-Einsatz sorgfältige Planung und Vorbereitung, um eine wirtschaftliche Entscheidung zu gewährleisten.

An erster Stelle ist hier die **Aufgabenanalyse** zu nennen und die Erfassung der **Arbeitsabläufe.** Dabei spielt vor allem die Frage eine Rolle, ob durch den Personal-Computer-Einsatz nur ein oder mehrere Arbeitsplätze betroffen sind und welche Beziehungen bei mehreren betroffenen Arbeitsplätzen bestehen. Davon hängt es ab, ob (s.o.) ein **Einplatzsystem,** ein **Mehrplatzsystem** (ein Computer mit mehreren Bedienungsstationen) oder ein Personal-Computer**netzwerk** (Verbund selbständiger Rechner) infrage kommt. Einplatzsysteme, also isolierte Rechner, sind meist nur sinnvoll, wenn nur eine Bedienungsstation benötigt wird und die verarbeiteten Daten nicht schnell von anderen Stellen weiterverarbeitet werden müssen (Koch, S.40). Sollen erfaßte Daten direkt an andere Stellen übertragen werden oder müssen z.B. mehrere Bediener Zugriff zu derselben Datei haben, kommt nur ein Mehrplatzsystem oder sogar ein Rechnerverbund infrage.

Bezüglich der **Aufgabenanalyse** gilt, wie auch bei Großrechnern, daß Personal-Computer bei komplexen Bearbeitungsgängen erhebliche **Erleichterungen** und **Arbeitsvereinfachungen** bringen können. Aber auch zeitaufwendige Sortier- und Suchvorgänge oder einfache Teilaufgaben der Verarbeitung von Daten bzw. Informationen werden schnell und fehlerfrei abgewickelt. Eine

Rolle spielt hier also auch die Aufgabenhäufigkeit. Die Entlastung der Mitarbeiter von eintönigen Routineaufgaben trägt im übrigen nicht unerheblich zur **Humanisierung** der Arbeitswelt bei!

Für die Prüfung eines Personal-Computer-Einsatzes spielen aber auch die anfallenden **Datenmengen** eine Rolle. Bei in kurzen Perioden in großer Dichte anfallenden Daten ist prinzipiell der Einsatz eines größeren Computers zu prüfen, denn die Kapazitäten eines Personal-Computers sind sowohl hinsichtlich des Speicherplatzes als auch im Hinblick auf die Verarbeitungsgeschwindigkeit begrenzt. Andererseits erfordert ein wirtschaftlicher Einsatz natürlich gewisse Datenhäufigkeiten.

Schließlich ist auch auf die **Datenstrukturen** hinzuweisen. Einfache Daten, wie z.B. kleine Stückzahlen, können leicht manuell bearbeitet werden, während bei komplexen Datensätzen, z.B. im Personalwesen, Personal-Computer erhebliche Erleichterungen bringen können.

Es gibt in den meisten Betrieben eine **Fülle von Aufgaben,** für deren Bewältigung sich der Einsatz eines Personal-Computers lohnt, obwohl nicht jeder Einsatz zu einer rechnerischen Wirtschaftlichkeit führt. Höhere Verarbeitungsgeschwindigkeit, geringere Fehlerrate, Humanisierung der Arbeitsplätze durch Entlastung von stupiden einfachen Tätigkeiten sind **nicht immer rechenbare Nutzeffekte,** abgesehen von dem Erschließen völlig neuer Bearbeitungsgebiete wie z.B. anspruchsvolle statistische Analysen der Marktforschung.

## 6.2 Kostenüberlegungen zur Wirtschaftlichkeit

Die Wirtschaftlichkeit eines Personal-Computer-Einsatzes hängt nicht zuletzt von den Kosten ab. Dabei sind zwei Kostengruppen zu betrachten:

Kosten des Personal-Computer-Einsatzes

Kosten, die durch den Personal-Computer-Einsatz beeinflußt werden, wobei es vor allem um Kosteneinsparungen geht.

Die Kosten für den Einsatz eines Personal-Computers sind in

- einmalige Kosten und
- laufende Kosten

zu untergliedern.

Die einmaligen Kosten sind für die Wirtschaftlichkeitsrechnung auf die **Nutzungsdauer** zu verteilen, wobei aus Vereinfachungsgründen in jedem Fall von **linearer Abschreibung** ausgegangen werden sollte. Die Nutzungsdauer sollte auf Grund des schnellen technologischen Fortschritts nicht zu hoch angesetzt werden.

**Einmalige Kosten**

- **Hardware**
  - Zentraleinheit mit Tastatur und Bildschirm
  - Externe Speicher
  - Drucker
  - Verbindungskabel
  - Andere periphere Geräte
- **Software**
  - Programm für Lohnbuchhaltung
  - Programm für Materialwirtschaft
  - Programm für Finanzbuchhaltung
  - usw.
- **Zubehör**
  - Möbel
  - Disketten und Diskettenboxen
  - Papierablagen für Computerpapier
  - usw.
- **Einführung**
  - Personalschulung (Reisekosten, Seminargebühren usw.)
  - Installationskosten
  - Umstellung
  - Dokumentation
  - usw.

Zu den einmaligen Kosten müssen gegebenenfalls auch die Kosten für die **Erstellung des Pflichtenheftes, System-** und **Problemanalysen** und dgl. gerechnet werden. Die folgende Aufstellung zeigt, welche Positionen dabei u.a. zu berücksichtigen sind:

- Istanalyse des Betriebes
- System-Entwurf
- Aufstellung eines Pflichtenheftes
- Information und Markterkundung.

Zu einmaligen Kosten können auch **Beratungsgebühren** gehören. Hinzuweisen ist auch auf die Kosten, die für die **Entwicklung eigener Programme** entstehen können.

Schließlich sind zu den einmaligen Kosten auch die Kosten für **erstmalige Übernahme von Dateien** auf den Computer zu zählen.

Für einen Kostenvergleich alternativer Personal-Computer-Konzepte sind die einmaligen Aufwendungen in Form von **Abschreibungen** auf die **Nutzungsdauer** zu verteilen. Wegen des schnellen technischen Fortschritts sollte diese Nutzungsdauer nicht zu hoch angesetzt werden, auf keinen Fall über 4 Jahre.

**Laufende Kosten**

- **Hardware**
  - Wartungskosten
  - Energiekosten
  - Ersatzteile
  - Reparaturen
  - Material (Papier, Formulare, Disketten usw.)
  - Sonstiges
- **Software**
  - Wartung
  - Aktualisierung
- **Personalkosten**
  - laufende Schulung und Weiterbildung
  - evtl. erforderliche Gehaltserhöhungen.

Gegebenenfalls können auch Kosten für **Versicherung** zusätzlich entstehen.

Hinzuweisen ist auch auf laufende Kosten, die für **Zusatzeinrichtungen** wie **Daten-** oder zusätzliche **Telefonleitungen** und dgl. entstehen können.

Für die Kostenüberlegungen zur Wirtschaftlichkeit sind neben einmaligen und laufenden Kosten auch **Kosteneinsparungen** zu ermitteln. Dazu können gehören:

- **Personalkosten** (auch für den Abbau von Überstunden).
  Bei Klein- und Mittelbetrieben kann es sich hier **auch** um stundenweise beschäftigte **Aushilfskräfte** handeln.
- **Materialkosten,**wie z.B. Karteikarten, Formulare und dgl.
- **Kosten für wegfallende Geräte,** wie z.B. Schreibmaschine, Rechenmaschine, Buchungsautomat.
  - Kapitalkosten für Abschreibungen und Zinsen auf investiertes Kapital.
  - Wartungskosten.

Kosteneinsparungen können auch in anderen Bereichen entstehen. Durch die computergestützte Materialwirtschaft kann es z.B.

möglich sein, die mittleren Lagerbestände zu senken und dadurch den Kapitaleinsatz zu reduzieren und geringere **Kapitalkosten** zu haben.

Einsparungen können auch durch eine computergestützte Auftragsbearbeitung entstehen, wenn Aufträge schneller bearbeitet werden oder wenn beispielsweise das Schreiben der Rechnungen und das Überwachen der Zahlungseingänge automatisiert wird.

Für einen Vergleich alternativer Computer-Konzepte erfolgt die Gegenüberstellung der Kosten zweckmäßigerweise in einer Tabelle. Ein Beispiel für eine solche Tabelle findet sich auf der folgenden Seite. In konkreten Fällen ist aber zu beachten, daß die einzelnen Kostenpositionen zweckmäßigerweise weiter untergliedert werden, um dadurch auch die Erfassung der Kosten zu vereinfachen.

Können Kosten nicht exakt angegeben werden, dann empfiehlt es sich, untere und obere Grenze anzugeben und diese beiden Werte dann auch in der Tabelle zu vermerken. Dadurch erhält man dann auch für die Gesamtkosten obere und untere Grenzen.

Empfehlenswert kann auch die Durchführung von Alternativrechnungen für unterschiedliche Nutzungsdauern und entsprechend unterschiedlich hohe Abschreibungen sein.

Es ist festzustellen, daß die Vorteile eines Personal-Computer-Einsatzes sich zum größten Teil nicht so zahlenmäßig erfassen lassen wie die Kosten. Eine schnellere Auftragsabwicklung, weniger Fehler in der Buchhaltung, der Lohnabrechnung oder bei der Rechnungserstellung und dgl. lassen sich nicht immer exakt in Geld ausdrücken.

Schließlich sei an dieser Stelle noch auf folgendes Phänomen hingewiesen:

Bei Personal-Computern haben bei ständig abnehmenden Hardwarekosten die Softwarekosten ständig zugenommen. Beim Einsatz von Personal-Computern ist es inzwischen nichts Ungewöhnliches mehr, daß ein einziges Programm mehr kostet als die zum Betrieb erforderliche Hardware. Die **Verschiebung der Kosten von der Hardware zur Software** ist bei allen Überlegungen zum Personal-Computer-Einsatz immer zu beachten.

Die Graphik auf S. 100 zeigt die in den letzten Jahren zu verzeichnende Verschiebung der Kosten beim Computereinsatz von der Hardware zur Software. Diese Verschiebung wird auch in den nächsten Jahren noch anhalten.

**Kostenvergleich**

| | Produkt A | Produkt B | ... |
|---|---|---|---|
| **Einmalige Kosten** | | | |
| Hardware | | | |
| Zentraleinheit | | | |
| Speicher | | | |
| Drucker | | | |
| ... | | | |
| Software | | | |
| Programm für ... | | | |
| Programm für ... | | | |
| ... | | | |
| Zubehör | | | |
| Möbel | | | |
| Disketten | | | |
| ... | | | |
| Einführung | | | |
| Schulung | | | |
| Datenerfassung | | | |
| ... | | | |
| Pflichtenheft | | | |
| Systemanalyse | | | |
| Beratung | | | |
| **Gesamt** | | | |
| **Abschreibungen** | | | |
| **Laufende Kosten** | | | |
| Hardware | | | |
| Wartung | | | |
| Material | | | |
| ... | | | |
| Software | | | |
| Wartung | | | |
| Aktualisierung | | | |
| Personal | | | |
| Schulung | | | |
| Weiterbildung | | | |
| ... | | | |
| sonstiges | | | |
| ... | | | |
| **Gesamt** | | | |
| **Jahreskosten** | | | |

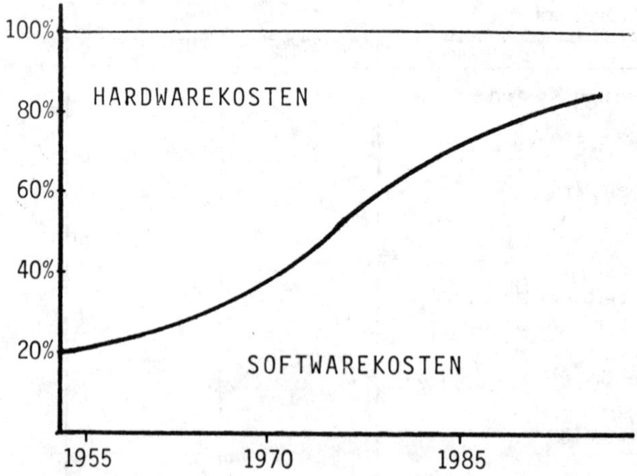


In welchen Größenordnungen sich die Preise für Anwendungssoftware bewegen, zeigt die Auswertung der Preise (in DM) von Lohnbuchhaltungsprogrammen und Finanzbuchhaltungsprogrammen. Preise (in Klassen zu je DM 1000 Breite eingeteilt) und Häufigkeiten sind in den beiden folgenden Graphiken dargestellt.

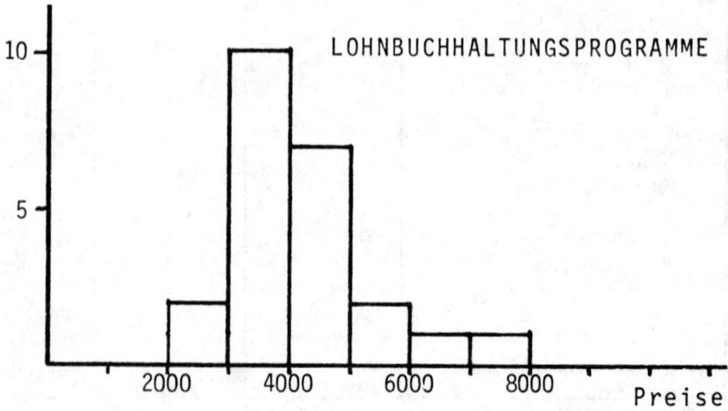

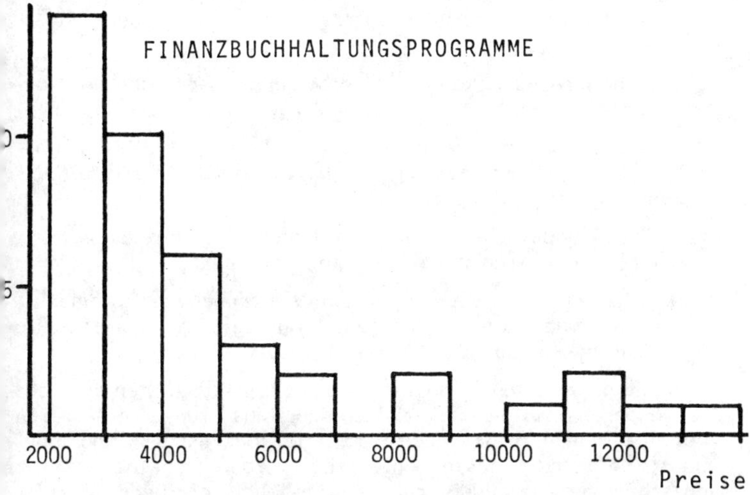


Bei der Streubreite der Preise ist allerdings zu beachten, daß der Leistungsumfang der Programme unterschiedlich ist.

## 6.3 Vorbereitung der Entscheidungsfindung

Für die Entscheidung über einen Personal-Computer-Einsatz sind Kostenüberlegungen, wie sie im vorangegangenen Abschnitt skizziert wurden, sicherlich unverzichtbar. Da dabei jedoch nicht alle Einflußgrößen einer Entscheidung berücksichtigt werden, reichen diese Kostenüberlegungen für eine fundierte Entscheidung nicht aus. Für sie sind auch die "nicht rechenbaren" Größen zu berücksichtigen. Zu diesen nicht rechenbaren Größen gehören z.B.

- schnellere Bereitstellung von Informationen, wie Bilanzen, kurzfristigen Erfolgsrechnungen, Umsatzstatistiken und anderen Resultaten des Rechnungswesens, durch die beispielsweise Fehlentwicklungen oder unerwünschte Tendenzen rechtzeitig erkannt werden und ein frühzeitiges Eingreifen möglich machen;

- verbesserte Materialbereitstellung bei sinkenden Lager- bzw. Beschaffungskosten;
- schnellere Abwicklung und verbesserte Disposition bei Kundenaufträgen;
- Reduzierung der Fehler gegenüber "manueller Datenverarbeitung" und Vermeidung der damit möglicherweise verbundenen wirtschaftlichen Verluste;
- Erhöhung der Absatzchancen durch detailliertere und schnellere Marktforschung und Marktbeobachtung;
- Entlastung der Mitarbeiter von zeitraubenden Routineaufgaben und damit Gewinnung von Zeit für qualifizierte Führungsaufgaben.

Bei einem geplanten Personal-Computer-Einsatz sollten die nicht rechenbaren bzw. nicht als Kosten oder Einsparungen erfaßbaren Vorteile (und natürlich auch Nachteile) systematisch und möglichst vollständig zusammengestellt werden. Um danach die Entscheidung zu erleichtern, ist es möglich, die Bedeutung der einzelnen aufgelisteten Kriterien für den Betrieb mit Punkten zu bewerten. Diese Punktebewertung kann von 0 (unwichtig) über 1 (weniger wichtig) und 2 (wichtig) bis 3 (sehr wichtig) gehen.

In einem nächsten Schritt kann dann die Erreichung der Kriterien durch den Personal-Computer-Einsatz ebenfalls bewertet werden. Auf diese Weise kann man zu einer Gesamtbewertung der nichtrechenbaren Größen kommen und diese als Entscheidungshilfe benutzen. Man muß bei diesem Vorgehen jedoch beachten, daß die Bewertungen selbst starken subjektiven Einflüssen unterliegen.

# 7. Lieferantenauswahl

## 7.1 Vertriebswege von Personal-Computern

Personal-Computer werden heute über **mehrere unterschiedliche Vertriebskanäle** auf dem Markt angeboten, wobei einzelne Hersteller auch mehrere der angeführten Wege benutzen. (Vgl. dazu auch Bues, Pleil, S. 188 ff)

| | |
|---|---|
| Bürofachhandel | (Marktanteil ca. 40%) |
| Software- und Systemhäuser | (Marktanteil ca. 25%) |
| Computershops<br>Elektronikshops | (Marktanteil ca. 15%) |
| Direktvertrieb | (Marktanteil ca. 10%) |
| Radio-, Fernseh-, Phonohandel<br>Kaufhäuser<br>Versandhandel<br>Fotofachhandel<br>Handelsketten und Großmärkte | (Marktanteil ca. 10%) |

Während bei größeren Computern der Verkauf (und die Beratung) überwiegend im Direktvertrieb durch die Hersteller erfolgt, werden Personal-Computer **vor allem indirekt abgesetzt.** Dabei zeigt sich, je nach Anbieter mehr oder weniger ausgeprägt, daß der Personal-Computervertrieb noch erhebliche Probleme bereitet.

## 7.2 Grundsatzüberlegungen zur Lieferantenauswahl

Im Gegensatz zu z.B. Schreibmaschinen oder Kopiergeräten sind Personal-Computer stark erklärungs- und servicebedürftig. Nur wenige Händler sind hier in der Lage, ein ausreichendes Leistungsangebot bereitzustellen. Geschultes Personal steht oft nicht, oder nicht ausreichend zur Verfügung. Bei geringen Spannen, die vor allem durch den harten Wettbewerb auf dem Personal-Computermarkt und damit verbundenen Preiskämpfen bedingt sind, können Händler eine intensive Beratung oft nicht kostenlos anbieten. Für einen betrieblichen Personal-Computer-Einsatz muß aber - sofern nicht entsprechend qualifizierte Spezialisten im eigenen Betrieb zur Verfügung stehen - auf **intensive Beratung und nachhaltigen Service** besonderer Wert gelegt werden.

Die Beratungsfunktion des Lieferanten spielt keine oder eine untergeordnete Rolle, wenn für die Planung und Realisierung des betrieblichen Personal-Computer-Einsatzes die Unterstützung eines Unternehmensberaters in Anspruch genommen wird.

Grundsätzlich sollte der Personal-Computer-Lieferant in geographischer Nähe liegen. Damit wird der Kreis derjenigen Anbieter, die zur Abgabe einer Offerte aufgefordert werden sollten, von vornherein eingeschränkt. Die **Forderung nach geographischer Nähe** wird sich allerdings dann nicht einhalten lassen, wenn Hard- und/oder Software für spezielle Zwecke (z.B. direkte Erfassung und Verarbeitung von Meßwerten) eingesetzt werden soll und dafür nur wenige Lieferanten infrage kommen.

Bei der Auswahl der Firmen, die man zur Abgabe eines Angebotes auffordern sollte, sind folgende Grundsatzüberlegungen anzustellen. (Vgl. auch Schweiz. Verein. f. Datenverarb., S. 17/18):

- Soll die Auftragsvergabe evtl. an einen Generalunternehmer erfolgen?
- Wird eine schlüsselfertige Lösung angestrebt, oder soll die Hardware und die Software über getrennte Lieferanten bezogen werden?
- Soll die Hardware komplett von einem Hersteller sein oder wird auch eine "mixed Hardware" zugelassen?
- Sollen ausschließlich in der Praxis **bewährte Produkte** eingesetzt werden, oder sollen gegebenenfalls auch neue Produkte oder **neue Technologien** in die Überlegungen einbezogen werden?
- Soll der Lieferant eine etablierte Firma (mit entsprechender Erfahrung) sein, oder will man auch Neulingen eine Chance geben? Diese Frage spielt eine wichtige Rolle, da auf dem

**expandierenden Personal-Computermarkt zahlreiche neue Firmen** (vor allem die Computershops und die Software- und Systemhäuser) das Angebot bereichern. Aus dem Bemühen heraus, im Markt Fuß zu fassen, bieten neue Firmen oft intensivere Beratung und ein größeres Leistungspektrum als etablierte Händler. Für den Käufer besteht aber auch ein größeres Risiko bei einem Neuling.

- Inwieweit muß Branchenerfahrung des Anbieters verlangt werden?

Neben diesen Fragen werden im Einzelfall noch andere, betriebsspezifische Kriterien bei der Auswahl potentieller Lieferanten eine Rolle spielen. Entscheidend müssen schließlich immer die sich aus der individuellen Aufgabenstellung des Betriebes ergebenden Anforderungen sein.

## 7.3 Die Ausschreibung

Stehen die als mögliche Partner für einen Personal-Computer-Einsatz infrage kommenden Lieferanten fest, dann empfiehlt sich - sofern die Gesamtverantwortung nicht in den Händen eines externen Beraters liegt - **grundsätzlich eine Ausschreibung.** Je nach Art und Umfang des geplanten Personal-Computer-Einsatzes kann diese Ausschreibung unterschiedlich detailliert sein und gegebenenfalls auch als **Checkliste** konzipiert sein. (Vgl. Pleil, S. 23 und Bues, Pleil S. 219 ff). Die **Ausschreibung** sollte Informationen zu folgenden Bereichen verlangen:

- **Unternehmensdaten des Lieferanten** (darauf wird im nächsten Abschnitt noch eingegangen).
- **Angaben über den eigenen Betrieb,** wie z.B.
  - Branche,
  - Größe,
  - Umsatz.
- Angaben über die **Aufgabenbereiche des geplanten Personal-Computer-Einsatzes,** z.B.
  - betriebliche Einsatzbereiche, wie Lohnbuchhaltung, Finanzbuchhaltung, Textverarbeitung, usw.;
  - Mengengerüst (Anzahl und Häufigkeit der Daten);
  - Zeiterfordernisse;
  - Informationsbedarf;
  - Auswertungswünsche;
  - zulässiger Finanzrahmen;
  - Mikrocomputer- oder DV-Kenntnisstand des Personals.

- Fragen zur **Hardware,** z.B.
  - Speicher und Arbeitsgeschwindigkeit der Zentraleinheit (Ausbaufähigkeit?);
  - Art und Kapazität externer Massenspeicher, Zugriffszeiten;
  - Art, Schriftbild, Geschwindigkeit von Druckern;
  - Möglichkeiten der Datensicherung;
  - Möglichkeiten der Datenfernübertragung;
  - Anschlußmöglichkeiten und Ausbaufähigkeit des Gesamtsystems.
- Fragen zur **Software,**

  **Betriebssoftware**
  - Art und Speicherbedarf des Betriebssystems;
  - zulässige Programmiersprachen;
  - Softwarewerkzeuge.

  **Anwendungssoftware**
  - Beschreibung von Standardprogrammen;
  - Verbreitung angebotener Standardprogramme und Referenzen;
  - Betriebsindividuelle Anpassung von Standardprogrammen;
  - Konzepte für betriebsspezifische Individualprogramme;
  - Qualitätsgarantie für Software;
  - Änderungsdienst für Programme (z.B. bei Lohnbuchhaltung);
  - Güte der Handbücher;
  - Sprache der Handbücher.
- **Allgemeine Konditionen**
  - Kaufpreis bzw. Leasinggebühren;
  - Aufpreise für Zubehör (Kabel etc.)?
  - Garantiezeit;
  - Wartungskonditionen;
  - Lieferzeit;
  - Beratungsdienst.

Bei der Vorbereitung der Ausschreibung ist zu beachten, daß die hier geübte Sorgfalt zu einer wesentlichen Erleichterung bei allen späteren Schritten führt. Dazu gehört insbesondere auch der **Vergleich von Angeboten,** die meistens nur durch eine detaillierte Ausschreibung mit einem umfassenden Kriterien- und Anforderungskatalog vergleichbar werden.

Besonders hinzuweisen ist im Zusammenhang mit der Ausschreibung auf das Pflichtenheft (Abschnitt 5.4), aus dem in den meisten Fällen die Ausschreibung unmittelbar abgeleitet werden kann. Das Pflichtenheft ist darüberhinaus eine wichtige Grundlage für die Beurteilung der Angebote.

## 7.4 Kriterien der Lieferantenauswahl

Bei der Auswahl eines Lieferanten sind mehrere Gesichtspunkte zu beachten. Dabei spielen Erfahrung und **Service** eine wichtige Rolle. Die folgenden **Kriterien** bzw. Fragen können für die Beurteilung eines Lieferanten herangezogen werden. (Löffel, S. 29).

- Wie lange arbeitet der Lieferant bereits in der EDV-Branche?
- Wieviele Systeme hat er bereits installiert?
- Welche Erfahrung hat er mit Systemen für die Branche?
- Welches Kundendienstnetz hat er? Ist eine seiner Niederlassungen in der Nähe?
- Bietet der Lieferant auch einen internationalen Kundendienst?
- Ist er vorwiegend in der Computerbranche tätig?
- Welche Serviceleistungen bietet er? (Installationen, Kundenschulung, Ausweichsysteme, Wartung, Dokumentation, Unterstützung bei der Systemeinführung, Unterstützung bei der Programmierung, weitere Leistungen)
- Macht der Lieferant ein ausführliches Preisangebot? (Hardware, Software, Zubehör, Schulung, Installation, Wartung usw.)
- Welche **Verantwortung** übernimmt der Lieferant für folgende Punkte: Unterstützung bei der Systemanalyse, vor und nach Vertragsabschluß, Systemkonfiguration, Systeminstallation, Softwareinstallation.
- Ist der vorgeschlagene **Terminplan** für die Installation realistisch? Besonders zu beachten sind Hardwarelieferung und -installationen, Installationen und Test der Anwendungssoftware, Systemplanung und -abnahme, Schulung des Bedienungspersonals, Umstellung vorhandener Anwendungen.
- Ist die für die Programmtests vorgesehene Zeitspanne realistisch?

- Hat der Lieferant ein Programm für vorbeugende Wartung?
- Wie lauten die Garantiebedingungen des Lieferanten?
- Übernimmt er die Verantwortung für das installierte Gesamtsystem?

Besonders wichtig ist, daß der Lieferant die **Verantwortung für sein Gesamtangebot auch langfristig** übernimmt, wobei davon ausgegangen werden muß, daß der Kauf nicht nur Geräte und Programme umfaßt, sondern **Problemlösungen** für den Betrieb, die nicht anstelle einer Lösung neue Probleme schaffen dürfen.

## 7.5 Hilfsmittel der Entscheidungsfindung

Die Ausführungen zeigen, daß die Lieferantenauswahl ein vielschichtiges und, zumindest im Hinblick auf manche Kriterien, schwieriges Problem ist. Da die Entscheidung nicht nur nach objektiven Gesichtspunkten gefällt werden kann, sondern immer auch von der betriebsindividuellen Aufgabenstellung und vielleicht von persönlichen Vorstellungen abhängt, kann es keine allgemeinverbindlichen Richtlinien geben. Ein nützliches Hilfsmittel kann eine Entscheidungstabelle sein (vgl. Bues, Pleil, S. 224 f). In ihr werden für jeden Lieferanten die einzelnen Auswahlkritierien mit Punkten bewertet, wobei eine Skala von 0 bis 10 oder von 0% bis 100% zweckmäßig ist. Die Kriterienbereiche sind

- Hardware
- Betriebssoftware
- Anwendungssoftware
- Beratung/Service
- Bonität des Lieferanten
- Vertragsgestaltung.

Es können weitere Bereiche hinzukommen. Die Punktbewertungen können für die einzelnen Bereiche pauschal oder getrennt für die Komponenten der Kriterien erfolgen. Zur Ermittlung einer Gesamtbewertung werden die Punkte der Bereiche entsprechend ihrer Bedeutung gewichtet.

Nachfolgend ist eine Tabelle zur Entscheidungsunterstützung an einem Beispiel skizziert. Aufgeführt sind die vier Bereiche Hardware, Software, Beratung und Service. Dazu können in konkreten Anwendungsfällen natürlich noch weitere Bereiche kommen. Unter diesen Bereichen ist in Prozenten angegeben, welche Bedeutung der jeweilige Komplex an der Gesamtlösung hat.

**Tabelle zur Entscheidungsunterstützung**

| | Lösung A | | Lösung B | | Lösung C | |
|---|---|---|---|---|---|---|
| | Punkte | Punkt-wert | Punkte | Punkt-wert | Punkte | Punkt-wert |
| Hardware 30% | 6 | 1,8 | 9 | 2,7 | 8 | 2,4 |
| Software 40% | 8 | 3,2 | 7 | 2,8 | 6 | 2,4 |
| Beratung 10% | 4 | 0,4 | 2 | 0,2 | 5 | 0,5 |
| Service 20% | 2 | 0,4 | 2 | 0,4 | 4 | 0,8 |
| Gesamt-Punktwert | | 5,8 | | 6,1 | | 6,1 |

Die einzelnen Lösungsalternativen sind mit Punkten bewertet worden. Diese Punkte sind nach einer Skala von 0 bis 10 nach der Einschätzung der Güte der jeweiligen Lösung ermittelt worden. Bei der Festlegung dieser Punkte ist zu beachten, daß hier sehr viel subjektive Momente hineinspielen.

Aus den Punkten und dem Anteil des jeweiligen Komplexes an der Gesamtlösung (Prozentzahlen) erhält man den Punktwert. Bei der Lösung A ergeben sich die Punktwerte z.B. aus 30% von 6 = 1,8; 40% von 8 = 3,2 usw.

Für jede Lösungsalternative ergibt sich dann ein Gesamtpunktwert. Am besten ist dann die Lösung mit dem höchsten Gesamtpunktwert.

Bei der Verwendung einer solchen Entscheidungstabelle muß aber folgendes beachtet werden:

- Punktbewertungen und Gewichte enthalten immer subjektive Momente und Ungenauigkeiten.
- In die Auswahl dürfen nur solche Lieferanten einbezogen werden, bei denen keine generellen Bedenken, die sie ungeeignet erscheinen lassen (z.B. bei der Vertragsgestaltung), bestehen.

Insgesamt kann aber eine Entscheidungstabelle die Lieferantenauswahl erleichtern.

## 7.6 Bemerkungen zu juristischen Problemen

Kaufverträge für Großrechner werden durchweg von Juristen ausgefeilt. Bei Personal-Computern wird dagegen oft verhältnismäßig leichtsinnig verfahren.

Im folgenden sind einige Grundsätze zusammengestellt, die man beim Personal-Computer-Kauf zur Ersparung späterer Unannehmlichkeiten unbedingt beachten sollte (vgl. auch Koch).

- Vor Abnahme sollte auf einem umfassenden Test der Hardware und der Software bestanden werden. Bei der Hardware sollte die Prüfung über einschlägige Standardprogramme erfolgen. Dazu gehört auch, daß man sich vom einwandfreien Zustand aller anzuschließenden Geräte (Diskettenlaufwerke, Drucker etc.) überzeugt. Bei Programmen sollten alle Funktionen geprüft werden und vor allem die Verarbeitung von extremen Fällen und Situationen untersucht werden.

- Die Kompatibilität aller Systemteile sollte (auch für vorgesehene spätere Ergänzungen) zugesichert sein. Hier entstehen in der Anwendung häufig Probleme, die man durch entsprechende Vertragsgestaltung vermeiden kann.

- Vielfach geht es beim Personal-Computer-Kauf um ein Gesamtpaket (mit Software) zur Lösung betrieblicher Probleme. Hier muß auf einem umfassenden Probelauf bestanden werden, da nur so festgestellt werden kann, ob die zugesagte und die tatsächliche Leistung wirklich übereinstimmen. Der Anbieter ist dazu auch dann verpflichtet, wenn ein Testlauf nicht ausdrücklich im Vertrag vereinbart ist. Weigert sich der Lieferant, so kann die Abnahme mangels **nachweisbarer** Vertragserfüllung verweigert werden.

- Im Kaufvertrag ist zu vereinbaren, daß die Gewährleistungsfrist erst nach erfolgreich abgeschlossener Funktionsprüfung zu laufen beginnt. Sonst kann es geschehen, daß der Lieferant bis zum Ende der Garantiefrist prüft und dann eine Nachbesserung wegen Verjährung ablehnt. Das Ergebnis einer Funktionsprüfung und der Beginn der Gewährleistungsfrist sollte schriftlich festgehalten und von beiden Vertragsparteien unterzeichnet werden.

- Es ist darauf zu achten, daß die Gewährleistung sich auch auf die Software bezieht. Die Funktionsprüfung muß Hard- und Software als eine Einheit ansehen. Das wird häufig nicht beachtet, mit der Folge, daß zwar eine einwandfreie funktionierende Anlage vorhanden ist, aber die Programme nicht einwandfrei zum Laufen gebracht werden können.

- Vor einer Kaufentscheidung sollten die Wartungs- und Servicekonditionen sorgfältig geprüft werden. Das gilt nicht nur für die Geräte sondern auch für die Software. Oft wird übersehen, daß auch Software für betriebliche Anwendungen einer gewissen Wartung bedarf.

Neben diesen Punkten ist auf eine Vielzahl weiterer Details in der Vertragsgestaltung zu achten. Grundsätzlich sollte man äußerste Vorsicht üben, da der Personal-Computer-Markt in starker Bewegung ist und bei unzureichender Vertragsgestaltung die Gefahr besteht, unzulängliche Geräte und Programme zu haben ohne Gewährleistungsansprüche oder Serviceleistungen. Auf jeden Fall muß die Vertragsgestaltung auch in die Lieferantenauswahl mit einbezogen werden. Mitunter können daraus schon wesentliche Rückschlüsse auf die Solidität des Lieferanten gezogen werden.

# Literaturverzeichnis

Becker, M., Haberfellner, R., Liebetrau, G.: EDV-Wissen für Anwender. 2. Aufl. Zürich/München 1983.

Bernhardt, R., Liebing, P.A.: Praxis der EDV-Einführung. Würzburg 1983.

Bues, M., Pleil, G.J.: Mikrocomputer für kommerzielle Anwendungen. Spiegel-Verlagsreihe Märkte im Wandel, Band 12. Hamburg 1984.

Busse, D.: Der Schlüssel zur Computer-Hardware. Reinbek bei Hamburg 1983.

Frank, J.: Standard-Software. Köln-Braunsfeld 1977.

Gratzke, J.: Mikrocomputer Kompass. Ludwigshafen 1985.

Hansen, K.R.: Wirtschaftsinformatik I. Stuttgart, 4. Aufl. 1983.

Hürlimann, W.: Was sind und was leisten Personalcomputer? In: Managementzeitschrift io 51(1982), S. 433-445.

Koch, A.: So wählen Sie den geeigneten Mikrocomputer. In: Managementzeitschrift io 53(1984), S. 38-45.

Liechti, M.: Microcomputer und portable Software. In: Output, Heft 7 (1982), S. 27-33.

Löffel, W.: Die Beurteilung kommerzieller Mikrocomputer. In: Output, Heft 1 (1981), S. 29-34.

Löffel, W.: Bessere Entscheidungsgrundlagen. In: Managementzeitschrift io 51(1982), S. 319-323.

Löffel, W.: Die Beurteilung kommerzieller Minicomputer. In: Output, Heft 1 (1983), S. 29-34.

Markt & Technik: Software-Auswahl leicht gemacht. München, 2. Aufl. 1983.

Moos, A., Steinbuch, P.A.: Mikrocomputer erfolgreich einsetzen. Ludwigshafen 1984.

Nomina Information Services: ISIS Personal Computer Report. 3. Jahrgang 1985.

Pest, W.: Hardware-Auswahl leicht gemacht. München, 3. Aufl. 1985.

Pleil, G.J.: Bürocomputer in der Praxis. Stuttgart, Bad Wörrishofen 1980.

Schweizerische Vereinigung für Datenverarbeitung (SVD) (Hrsg.): EDV-Pflichtenhefte. Bern/Stuttgart 1981.

Stahlknecht, P.: Einführung in die Wirtschaftsinformatik. Berlin/Heidelberg/New York/Tokyo 1983.

Tiemeyer, E.: Software: Auswahlhilfen für Praktiker. In: Managementzeitschrift io 52(1983), S. 206-209.

Twiehaus, J.: Der Schlüssel zur Computer-Software. Reinbek bei Hamburg 1983.

Weinrich, G., Heiligenstadt, R.: Jetzt wird die Datenverarbeitung anwenderfreundlich. In: Managementzeitschrift io 52(1983), S. 45-48.

Willis, J., Pol, B.: Was der Mikrocomputer alles kann. Würzburg, 2. Aufl. 1982.

# Glossar

**Adapter**
Bauelement bzw. Zusatzgerät mit dem Komponenten eines Computersystems bzw. Computersysteme, die verschiedene Anschlußmöglichkeiten ( ► Schnittstellen) haben, miteinander verbunden werden können.

**Adressbus**
Interne Leitung zur Ansteuerung der Speicherstellen im Arbeitsspeicher, um Daten zu lesen oder Daten abzulegen und zur Steuerung externer Speichergeräte.

**ADV**
**A**utomatisierte **D**aten**v**erarbeitung.

**Akustikkoppler**
Geräte mit dem Daten unter Benutzung normaler Telefonanschlüsse von einem Computer in einen anderen überspielt werden können. Der Akustikkoppler besitzt zwei mit Gummimanschetten versehene Muscheln auf die der Telefonhörer gelegt wird.

**ALGOL**
**Algo**rithmic **L**anguage
Höhere Programmiersprache für mathematisch-statistische Aufgaben.

**Alphanumerische Zeichen**
Zeichen (Daten), bei denen sowohl Buchstaben als auch Ziffern verwendet werden können.

**APL**
A Programming Language
Höhere Programmiersprache, die ursprünglich vor allem für technische und mathematische Anwendungen konzipiert wurde, aber heute auch für wirtschaftliche Anwendungen Verwendung findet.

**Arbeitsspeicher**
Der zur ► Zentraleinheit gehörige Speicher, auch Hauptspeicher oder Zentralspeicher genannt. Der Arbeitsspeicher nimmt die zur Ausführung und zur Verarbeitung benötigten Programme auf und hält die Befehle für den ► Zentralprozessor bereit. Außerdem befinden sich im Arbeitsspeicher die für eine Verarbeitung benötigten Eingabedaten, eventuelle Zwischenergebnisse und die Verarbeitungsresultate, die anschließend ausgegeben werden.

**ASCII**
American Standard Code for Information Interchange
Genormter Code für die Darstellung von Zeichen bzw. Informationen in einem Computer. Für die Darstellung eines Zeichens wird dabei jeweils 1 Byte verwendet.

**Assembler**
Maschinenorientierte Programmiersprache.

**Asynchrone Datenübertragung**
Verfahren zur Übertragung von Daten, bei dem sendende und empfangende Station nicht gleichgeschaltet sind. Die zu übertragenden Daten müssen über eine Datenendeinrichtung "synchronisiert" werden.

**Ausgabewerk**
Teil des ► Mikroprozessors oder eigener Prozessor zur Steuerung und Verwaltung der Datenausgabe.

**B**
Abkürzung für ► Byte.

**Back-up**
Unter back-up versteht man das Herstellen einer Kopie von Daten und/oder Programmen, die auf einer ► Diskette oder einer ► Festplatte gespeichert sind.
Unter einem back-up-System wird ein Aushilfs- oder Reservesystem verstanden.

**BASIC**
Beginners all-purpose symbolic instruction code
Höhere Programmiersprache, die besonders für Anfänger entwickelt wurde. Bei Personal-Computern ist sie heute noch die am weitesten verbreitete höhere Programmiersprache.

**Batch**
► Stapelbetrieb.

**Baud**
Nach dem Franzosen Baudot (1845-1903). Abgekürzt Bd. Maßeinheit zum Messen der Übertragungsgeschwindigkeit bei Nachrichten. 1 Baud bedeutet, daß pro Sekunde 1 Satz paralleler Bits übertragen wird. Wird bei einer Leitung jeweils nur 1 Bit übertragen, dann gibt die Baud-Rate an, wieviel Bits pro Sekunde übertragen werden. Werden z.B. 8 Bits parallel bzw. gleichzeitig übertragen, dann bedeutet eine Übertragungsgeschwindigkeit von 100 Baud, daß je Sekunde 800 Bits übertragen werden.

**Bd**
Akürzung für ► Baud.

**Belegleser**
Gerät mit dem auf Belegen befindliche Zeichen optisch (Lichtstrahl, Fotozelle) oder magnetisch gelesen werden können.

**Bestandsdaten**
Informationen durch die Bestände (Lager, Konto usw.) dargestellt werden. Veränderungen von Beständen werden durch Fortschreibung erfaßt.

**Betriebssystem**
Programm zur Steuerung und Verwaltung der Hardware.
Personal-Computer werden heute mit unterschiedlichen Betriebssystemen angeboten, wobei auf manchen Geräten auch verschiedene Betriebssysteme eingesetzt werden können. Häufig benutzte Betriebssysteme bei Personal-Computern sind CP/M, MS-DOS, MP/M, UNIX.

**Bewegungsdaten**
Daten, durch die Veränderungen von Beständen dargestellt werden.

**Bildschirmmaske**
Eine Bildschirmmaske kann man sich als ein auf dem Bildschirm

dargestelltes Formular vorstellen, mit dessen Hilfe Daten einfach und übersichtlich in den Rechner eingegeben werden können. Die Daten werden gewissermaßen in das auf dem Bildschirm dargestellte Formular eingetragen.

**Bildschirmterminal**
Einheit aus Bildschirm und Tastatur, die zur Dateneingabe (über die Tastatur) und Ausgabe über den Bildschirm verwendet wird.

**Binär**
Elemente oder Zeichen, die nur zwei verschiedene Werte annehmen können, nennt man binär.

**Binärzeichen**
Zeichen, das nur Werte aus einem Zeichenvorrat von zwei Zeichen annehmen kann.

**Bit**
Bit ist die Kurzform für **bi**nary dig**it** (Binärziffer)
Eine Binärziffer kann nur zwei Werte annehmen und zwar 0 oder 1 (plus oder minus, ein oder aus, wahr oder falsch). Alle Daten bzw. Informationen werden im Computer als Bits dargestellt. Der Grund dafür ist die Tatsache, daß maschinenintern über elektrische Schaltungen nur zwei Zustände darstellbar sind.

**Bit-Breite**
Anzahl der Bits, die computerintern parallel (also gleichzeitig) übertragen bzw. verarbeitet werden können. Bei Personal-Computern wird heute zwischen 8-Bit-, 16-Bit- und 32-Bit-Breite unterschieden ( ► Mikroprozessor).

**Breitbandkabel**
Datenübertragungsleitung, bei der die parallele Übertragung mehrerer verschiedener Nachrichten möglich ist.

**BTX**
Abkürzung für Bildschirmtext.

**Bus**
Leitung zur computerinternen Übertragung von Informationen bzw. Daten innerhalb der Zentraleinheit und von der Zentraleinheit zu angeschlossenen externen Geräten. Es wird zwischen ► Steuerbus, ► Adressbus und ► Datenbus unterschieden.

**Byte**
Byte ist eine zusammengehörige Folge von Bits. Im Regelfall werden 8 Bits zu einem Byte zusammengefaßt. Byte ist die übliche Maßeinheit für Speicherkapazitäten. Ein Byte wird benötigt, um ein Zeichen (Buchstabe, Zahl, Sonderzeichen) im Computer zu speichern. Die Speicherkapazität in Byte gibt also an, wieviel Zeichen der Speicher aufnehmen kann.

**C**
Höhere Programmiersprache.

**CAD**
Computer **A**ided **D**esign
CAD umfaßt alle Verfahren, mit denen technische Entwürfe, Konstruktionen und dgl. im Dialog mit dem Computer angefertigt werden können.

**CAM**
Computer **A**ided **M**anufacturing
Mit CAM sind Verfahren gemeint, die Fertigungsprozesse durch Computereinsatz unterstützen.

**CCITT**
**C**omite **C**onsultatif **I**nternational **T**elegraphique et **T**elephonique
Internationaler Ausschuß der Post- und Fernmeldeverwaltungen für die Erarbeitung von Normen.

**Centronics - Schnittstelle**
Häufigste ►Schnittstelle zur parallelen Übertragung von Daten bis zu einer maximalen Entfernung von ca. 2m.

**Chip**
Halbleiterbauelement für Computer.
►Mikroprozessoren bestehen aus einem (oder mehreren) Chips. Für den ►Arbeitsspeicher eines Personal-Computers werden Chips verwendet.

**CNC**
**C**omputer **N**umeric **C**ontrol
►NC-Steuerung

**COBOL**
**Co**mmon **B**usiness **O**riented **L**anguage
Höhere Programmiersprache, die speziell für kommerzielle bzw. betriebswirtschaftliche Anwendungen entwickelt wurde.

**Code**
Vorschrift zur Verschlüsselung von Zeichen oder Informationen. Wichtige Codes im Zusammenhang mit Personal-Computern sind ► ASCII und ► EBCDIC.

**COMAL**
**C**ommon **A**lgorithmic **L**anguage
Höhere auf Basic aufbauende Programmiersprache.

**Compiler**
Übersetzungsprogramm, bei dem das gesamte in einer höheren Programmiersprache geschriebene Programm in die Maschinensprache übersetzt wird und erst danach in übersetzter Form vom Computer abgearbeitet wird.

**CP/M**
**C**ontrol **P**rogramm for **M**icrocomputers
Häufig eingesetztes ► Betriebssystem für Personal-Computer.

**CPU**
**C**entral **P**rocessing **U**nit
► Zentraleinheit.

**Cursor**
Übersetzt: Blinker, Leuchtmarke, Leuchtzeichen.
Der Cursor kennzeichnet die momentane Schreibposition auf dem Bildschirm. Im Regelfall wird der Cursor auf dem Bildschirm durch eine Unterstreichung oder ein Rechteck in der Größe eines Zeichenfeldes angezeigt. In den meisten Fällen wird die Cursorposition durch Blinken hervorgehoben.

**Datei**
Zusammenfassung aller logisch zusammengehörigen Datensätze (z.B. Kundendatei, Lieferantendatei, Personaldatei usw.). Alle Datensätze einer Datei haben im Regelfall einen einheitlichen Ordnungsbegriff.

**Datenbank**
Zusammenfassung von Dateien, die im Computer gemeinsam verwaltet werden.

**Datenbanksystem**
Programmsystem zur Speicherung und Verwaltung von Datenbeständen.

**Datenbus**
Interne Leitung zur eigentlichen Übertragung von Daten.

**Datenfernübertragung**
Übertragung von Daten über große Entfernungen unter Benutzung entsprechender Übertragungseinrichtungen.

**Datensatz**
Zusammenfassung aller Daten, die eine logische Einheit bilden (z.B. bei Personaldaten: Name, Vorname, Geburtsdatum, Anschrift, Vergütungsgruppe usw.).

**Datenschlüssel**
Identifikationskriterium für einen ► Datensatz.

**DFÜ**
► Datenfernübertragung.

**Dialogbetrieb**
Systembetrieb eines Personal-Computers, bei dem eine unmittelbare Mensch-Maschine-Kommunikation erfolgt und bei dem die gewünschten Aufgaben durch den Computer sofort erledigt werden.

**Digitale Daten**
Daten, die nur aus Zeichen dargestellt werden. Die Zeichen werden dem sogenannten Zeichenvorrat entnommen.
Das können die Buchstaben des Alphabets sein, das können die Ziffern eines Zahlensystems sein, dafür kommen aber auch Sonderzeichen infrage. Nicht digitale Daten werden als kontinuierliche Funktionen dargestellt. Man nennt sie analoge Daten. Das Messen von Temperaturen auf einer kontinuierlichen Skala liefert analoge Daten und keine digitalen Daten.

**Digitizer**
► Graphiktablett.

**Directory**
Übliche, aus dem Englischen stammende, Bezeichnung für das Inhaltsverzeichnis einer ► Diskette oder eines anderen Speichers.

**Diskette**
Flexible dünne Kunststoffscheibe mit magnetisierbarer Beschichtung. Angeboten werden Disketten mit 8", 5 1/4" oder 3 1/2"

Durchmesser. Disketten sind das wichtigste externe Speichermedium für Personal-Computer. Eine Diskette hat eine Speicherkapazität zwischen 150 KB und 1 MB.

**Diskettenlaufwerk**
Geräte mit dem Daten auf ►Disketten gespeichert werden können und von Disketten gelesen werden können.

**Display**
Gerät bzw. Geräteteil zur optischen Anzeige von Informationen. Die häufigste Form des Display ist der Bildschirm (Kathodenstrahlröhre) und die Flüssigkristallanzeige (LCD, Liquid Cristall Display).

**DOS**
**D**isk **O**perating **S**ystem
DOS ist ein Betriebssystem (bzw. ein Teil davon), das für Arbeiten mit Disketten bzw. Plattenlaufwerken nötig ist.

**Doublesided**
Doppelseitig
Im Zusammenhang mit ►Disketten bedeutet doublesided, daß auf beiden Seiten der Disketten Daten bzw. Programme gespeichert werden können. Im Zusammenhang mit Diskettenlaufwerken bedeutet doublesided, daß das Laufwerk zwei Schreib-Leseköpfe besitzt und damit beide Seiten einer Diskette durch das Laufwerk beschrieben werden können und von beiden Seiten gelesen werden kann.

**Dual**
Im dualen Zahlensystem werden nur zwei Ziffern verwendet (0 und 1).

**Duplex**
Datenübertragungsart, bei der für jede Richtung eine eigene Übertragungsleitung zur Verfügung steht, so daß gleichzeitig in beiden Richtungen Daten übertragen werden können.

**DV**
**D**aten**v**erarbeitung.

**E/A**
Abkürzung für Eingabe/Ausgabe.

**EBCDIC**
Extended Binary Coded Decimals Interchange Code
Neben ► ASCII, der bei Computern am häufigsten verwendete Code zur Umsetzung von Zeichen in Maschinensprache.

**Editor**
Hilfsprogramm für die Eingabe, Korrektur, Speicherung und Ausgabe von Programmen und Texten.

**EDV**
Elektronische Datenverarbeitung.

**Eingabewerk**
Teil des ► Mikroprozessors oder eigener Prozessor zur Steuerung und Verwaltung der Dateneingabe.

**Einplatzsystem**
Personal-Computer-System, das nur für einen einzigen Arbeitsplatz konzipiert wird bzw. nur an einem Arbeitsplatz genutzt wird.

**Einzelblattzuführung**
Vorrichtung, mit der einzelne Blätter automatisch in einen Drucker eingeführt werden. Im Gegensatz zu Endlospapier können damit auch einzelne Blätter (Firmenbogen usw.) bedruckt werden.

**EPROM**
Erasable ► **PROM**
Löschbarer programmierbarer Festwertspeicher, der mit speziellen Verfahren wieder gelöscht werden kann. Teil des ► Arbeits- oder Hauptspeichers.

**Externer Speicher**
Speicher, der an einen Personal-Computer angeschlossen wird und in dem Daten oder Programme gespeichert werden können. Bei externen Speichern handelt es sich im Regelfall um eigene Geräte. Die externen Speicher sind getrennt vom Arbeits- oder Hauptspeicher innerhalb der Zentraleinheit. Wichtige externe Speichermedien sind ► Disketten und ► Festplatten.

**Festplatte**
Externer Speicher, bei dem eine oder mehrere mit einer magnetisierbaren Schicht versehene diskettenähnliche Scheiben fest in ein Laufwerk integriert sind. Festplatten zeichnen sich durch

kurze ► Zugriffszeiten und große Speicherkapazitäten aus. Die meisten Festplatten haben eine Kapazität zwischen 5 MB und 80 MB.

**Festwertspeicher**
► ROM

**File**
Englisches Wort für ► Datei.

**Floppy**
► Floppy-Disk

**Floppy-Disk**
Häufig verwendete Bezeichnung für ► Diskette.

**Formatieren**
Einteilen eines Speichers in Speicherbereiche. Zum Beispiel müssen fabrikneue Disketten, ehe sie auf einem Personal-Computer benutzt werden können, formatiert werden, damit sie beschrieben werden können und anschließend Programme und Daten von der Diskette wieder gelesen werden können.

**FORTRAN**
**For**mular **Trans**lator
Höhere Programmiersprache, vor allem für technisch-wissenschaftliche Anwendungen.

**Funktionstaste**
Taste auf einer Tastatur durch deren Druck bestimmte Computerfunktionen ausgelöst werden. Funktionstasten können (gerätespezifische) feste Funktionen zugewiesen werden. Es können den Tasten aber auch bestimmte Funktionen durch ein Programm zugeordnet werden.

**GB**
► Gigabyte

**Gigabyte**
1 Gigabyte (GB) = 1024 MB = 1048576 KB = 1073784824 Byte.

**Graphiktablett**
Geräte zum Lesen von Zeichnungen, wie z.B. Kurven und dergleichen. Bei einem Graphiktablett wird mit einem Fadenkreuz die auf dem Papier befindliche Graphik "abgefahren". Der

Verlauf der Kurve bzw. der Konturen der Graphik wird in computerlesbare Befehle umgesetzt und kann vom Computer verarbeitet werden.

**Halbduplex**
Datenübertragungsart, bei der Daten bzw. Informationen in beiden Richtungen übertragen werden können, jedoch nur eine Richtung zu einer bestimmten Zeit benutzt werden kann. Die Übertragung in beiden Richtungen kann also nur wechselweise erfolgen.

**Hand-Held-Computer**
Kleiner, im Regelfall netzunabhängiger Computer, der in einer höheren Programmiersprache programmiert werden kann und selbständig Datenverarbeitungsaufgaben wahrnehmen kann. Hand-Held-Computer sind in den meisten Fällen in ihren Abmessungen nicht größer als A4 und ca. 3-4 cm hoch.

**Hardcopy**
Ausdruck einer Bildschirmseite (oft auch als SCREEN DUMP bezeichnet). Bei vielen Personal-Computern kann eine Hardcopy über eine Funktionstaste erzeugt werden.

**Harddisk**
► Festplatte.

**Hardsektorierung**
Bei einer Hardsektorierung sind die Sektoren auf der Diskette von vornherein festgelegt. Die Hardsektorierung erkennt man daran, daß parallel zu dem Führungsloch Indexlöcher zur Kennzeichnung der einzelnen Sektoren in der Diskette angebracht sind.

**Hardware**
Hardware ist der Oberbegriff für alles technische Gerät, das zum Personal-Computer gehört bzw. an ihn angeschlossen werden kann. Dazu gehören z.B. Zentraleinheit, Bildschirm, Tastatur, Drucker, Diskettenlaufwerke, Plotter usw.

**Hauptspeicher**
► Arbeitsspeicher.

**"Help"-Taste**
Taste auf einem Computer, durch deren Drücken auf dem Bildschirm Informationen erscheinen, die dem Benutzer weiter

helfen. Solche Informationen bestehen insbesondere in Erläuterungen der nächsten auszuführenden Schritte bzw. in Erläuterungen zu dem vorher ausgewiesenen Bildschirminhalt.

**Hexadezimal**
Das hexadezimale Zahlensystem stellt Zahlen mit Hilfe von 16 verschiedenen Ziffern dar. (Beim Dezimalsystem werden 10 Ziffern, nämlich die Ziffern 0 bis 9 verwendet).

**Höhere Programmiersprache**
Weitestgehend geräteunabhängige Programmiersprache, die meist für bestimmte Anwendungsbereiche konzipiert ist (z.B. kommerziell oder technisch-wissenschaftlich).
Bekannte höhere Programmiersprachen sind ALGOL, APL, BASIC, COBOL, FORTRAN, PASCAL, PL1, C.

**Identifizierender Schlüssel**
Datenschlüssel, bei dem alle Datensätze eindeutig mit einem Schlüsselzeichen versehen werden, ohne daß aus dem Schlüssel selbst auf das jeweilige Objekt geschlossen werden kann. Einfachste Form eines identifizierenden Schlüssels ist die fortlaufende Numerierung.

**Individualsoftware**
Programme, die für bestimmte Aufgabenstellungen eigens entwickelt werden. Es kann sich hierbei um Eigenentwicklungen innerhalb eines Betriebes handeln oder aber um Spezialentwicklungen durch eine Unternehmensberatung oder ein Softwarehaus.

**Intelligentes Terminal**
► Terminal mit einer eigenen Zentraleinheit, so daß das Terminal auch zur selbständigen Datenverarbeitung geeignet ist.

**Interface**
► Schnittstelle.

**Interpreter**
Übersetzungsprogramm, bei dem jeweils nur ein Programmschritt in die Maschinensprache übersetzt wird. Dieser Programmschritt wird dann vom Rechner abgearbeitet und anschließend wird der nächste in einer höheren Programmiersprache geschriebene Programmschritt in die Maschinensprache übersetzt. Gegenüber einem ► Compiler sind Interpreter deutlich langsamer, aber auch billiger.

**I/O**
Abkürzung für Input/Output, d.h. Eingabe/Ausgabe.

**ISO**
Internationale Standardisierungs Organisation
International Organisation for Standardization
Dachorganisation nationaler Normenausschüsse (Sitz in Genf).

**Kassette**
Magnetbandkassette zum Speichern von Daten und Programmen. Neben den handelsüblichen Musikkassetten werden auch kleinere Spezialkassetten verwendet.

**KB**
► Kilobyte.

**Kilobyte**
1 Kilobyte (KB) = 1024 Byte.

**Klassifizierender Schlüssel**
Datenschlüssel, bei dem aus dem Schlüssel auf Typ oder Art des Objektes bzw. Datensatzes geschlossen werden kann.

**Kompatibilität** (Verträglichkeit)
Unter Kompatibilität versteht man die Verträglichkeit oder Vereinbarkeit der verschiedenen Komponenten eines Computersystems miteinander. Diese ist dann gewährleistet, wenn die Geräte problemlos miteinander verbunden werden können und miteinander arbeiten können. Kompatibilität der Software bzw. Programme bezieht sich auf die Möglichkeit, Programme miteinander laufen oder kommunizieren zu lassen bzw. darauf, daß bestimmte Programme auch auf dem vorhandenen Computer laufen.
Mitunter wird zwischen Softwarekompatibilität und Hardwarekompatibilität unterschieden.

**Konfiguration**
Die Zusammenstellung verschiedener Hardwarekomponenten zu einem Computersystem nennt man Konfiguration oder Hardwarekonfiguration. In manchen Fällen wird auch eine Hard- oder Softwarezusammenstellung für einen bestimmten Anwendungszweck als Konfiguration bezeichnet.

**LAN**
Local Area Network

Lokales oder betriebsinternes Netzwerk von Computern. Personal-Computer können in einem lokalen Netzwerk zusammengeschlossen werden, damit beispielsweise auf zentrale Einrichtungen wie Speicher, Drucker usw. zugegriffen werden kann.

**LCD**
**L**iquid **C**ristall **D**isplay
Flüssigkeitskristallanzeige, die vor allem bei Taschenrechnern und Hand-Held-Computern Verwendung findet.

**LED**
**L**ight **E**mitting **D**iode
Haltleiterdiode, die unter Strom Licht austrahlt. Wird zur Anzeige bei Rechnern verwendet ( ►Display).

**Leitwerk**
Synonym für ► Steuerwerk.

**Lichtgriffel**
Lichtempfindlicher Stift mit dessen Hilfe Informationen in den Computer eingegeben werden können. Der Lichtgriffel kann zum Eingeben über den Bildschirm benutzt werden. Man kann ihn auch zum Lesen von Graphiken oder zum Lesen von Strichcodes und dergleichen verwenden.

**Line feed**
Englische Bezeichnung für Zeilenvorschub.

**Listing**
Bildschirm- oder Druckerausgabe eines Programms.

**LOGO**
Höhere Programmiersprache, die vor allem für Lehr- und Ausbildungszwecke geeignet ist.

**Mainframe**
Englische Bezeichnung für Großrechner oder Universalrechner.

**Maschinensprache**
Programmiersprache, deren Befehle vom Computer unmittelbar gelesen bzw. interpretiert werden können.

**Maske**
Kurzbezeichnung für ► Bildschirmmaske.

**Matrixdrucker**
Drucker, bei dem die Zeichen punktweise durch einzelne Nadeln oder Stifte erzeugt werden.

**"Maus"**
Gerät zur Ansteuerung bestimmter Positionen auf dem Bildschirm. Es ist etwa zigarettenschachtelgroß, mit dem Computer durch ein Kabel verbunden und wird auf dem Schreibtisch bewegt. Während meistens der ► Cursor über Tastensteuerung auf dem Bildschirm bewegt wird, erfolgt die Cursorsteuerung mit der "Maus" durch analoge Bewegungen.

**MB**
► Megabyte.

**Megabyte**
1 Megabyte (MB) = 1024 KB = 1048576 Byte.

**Mehrplatzsystem**
Personal-Computer-System, an dem mehrere Benutzer gleichzeitig arbeiten können. Ein zentraler Computer wird dabei über angeschlossene Bildschirmterminals von mehreren Arbeitsplätzen aus benutzt.

**Mehrprogrammbetrieb**
Betriebsart eines Computers, bei dem gleichzeitig mehrere Programme im Rechner bearbeitet werden können.

**Menuetechnik**
Gestaltungsprinzip für Anwendungsprogramme, durch das der Benutzer über eine einfache Auswahl bestimmte Programmfunktionen abrufen kann. Der Benutzer wählt beispielsweise durch Drücken einer bestimmten Taste eine im Rahmen des Menues auf dem Bildschirm angebotene Funktion.

**Mikroprozessor**
Baustein in Form eines einzigen wenige Quadratmillimeter großen ► Chips mit integrierten Schaltkreisen. Der Mikroprozessor ist das Kernstück eines Personal-Computers und dient der Steuerung der computerinternen Abläufe und der eigentlichen Verarbeitung von Daten.
Heute wird unterschieden zwischen 8-Bit-Prozessoren, 16-Bit-Prozessoren und 32-Bit-Prozessoren. Bei einem 8-Bit-Prozessor können intern 8 Bits parallel übertragen bzw. verarbeitet werden. Bei einem 16- bzw. 32-Bit-Prozessor können 16 bzw. 32 Bits

parallel übertragen oder verarbeitet werden. 16- bzw. 32-Bit-Prozessoren sind (wesentlich) schneller als 8-Bit-Prozessoren.

**Modem**
Abkürzung für **Mo**dulator-**Dem**odulator. Gerät, daß die Signale eines Computers so umsetzt, daß sie über Telefonleitungen übertragen werden können. Ein Modem ist erforderlich, um Computer über Telefonleitungen miteinander zu verkoppeln.

**Modul**
Weitestgehend selbständiger Teil eines größeren Systems. Module gibt es bei der Hardware (z.B. Speichermodul als selbständiger Steckbaustein, der auch für eine nachträgliche Erweiterung eines Speichers verwendet werden kann) und bei der Software (selbständige Unterprogramme eines größeren Programmsystems).

**Modular**
Ein Programm ist modular aufgebaut, wenn es aus selbständigen Unterprogrammen (Moduln) besteht.

**Modularität**
Grad der Zerlegung (eines Programms) in kleinere Einheiten, durch die Programmanpassungen und -erweiterungen erleichtert werden.

**Monitor**
Häufige, aus dem englischen stammende Bezeichnung für Bildschirm.

**MOS**
**M**etal **O**xid **S**emiconductor
Übliche Bezeichnungsweise für die heutige Halbleiterbauweise.

**MP/M**
**M**ultitasking **P**rogram for **M**icrocomputers
► Betriebssystem für Personal-Computer, das speziell für Mehrplatzsysteme ausgelegt ist.

**MS-DOS**
**M**icro **S**oft - **D**isk **O**perating **S**ystem
DOS-Betriebssystem der Firma Micro-Soft.

**Multiprogramming**
► Mehrprogrammbetrieb

**Nadeldrucker**
► Matrixdrucker

**NC-Steuerung**
**N**umeric Control-Steuerung
Maschinensteuerung durch Computer.

**Numerische Zeichen**
Zeichen, bei denen nur Ziffern verwendet werden können.

**OASIS**
Betriebssystem für Personal-Computer, die als Mehrplatzsystem eingerichtet werden.

**Objektprogramm**
Ein in ► Maschinensprache vorliegendes Programm.

**Off-Line**
Bei einer Off-line-Verarbeitung von Daten besteht kein unmittelbarer Systemzusammenhang zwischen Dateineingabe und Verarbeitung der Daten. Die Daten werden nicht sofort bei ihrer Entstehung verarbeitet, sondern an einem anderen Ort oder zu einem anderen Zeitpunkt.

**On-Line**
Beim On-Line-Betrieb eines Personal-Computers werden die Daten in den Rechner eingegeben und unmittelbar verarbeitet. Das setzt eine direkte Verbindung zwischen ► Peripherie und Zentraleinheit voraus. On-Line-Verarbeitung geschieht üblicherweise im ► Dialogbetrieb.

**Parallelübertragung**
Verfahren zum Übertragen von Daten, bei dem mehrere Bits gleichzeitig (auf parallelen Leitungen) übertragen werden.

**PASCAL**
Höhere Programmiersprache, die nach dem französichen Mathematiker und Philosophen Blaise Pascal (1623-1662) benannt wurde.

**Peripherie**
Sammelbegriff für alle Geräte, die an die Zentraleinheit eines Personal-Computers angeschlossen werden können. (Z.B. ► Disketten, ► Festplatten, ► Drucker, ► Tastaturen, Bildschirme usw.).

**Pflichtenheft**
Präzise und detaillierte Beschreibung der Aufgaben und Anforderungen eines Personal-Computer-Einsatzes.
Das Pflichtenheft erfüllt vor allem folgende Zwecke: Beschreibung des Istzustandes; Beschreibung der Ziele; ausführliche Beschreibung der konkreten betrieblichen Aufgaben, die mit dem Personal-Computer bearbeitet werden sollen; Formulierung der Anforderungen an den Personal-Computer-Einsatz.

**Pixl**
Bildpunkt auf einem Bildschirm, der sich auch für die Darstellung von Graphiken eignet. Die Anzahl der Pixl ist eine Maßgröße für die Genauigkeit mit der Graphiken dargestellt werden können.

**Plasmabildschirm**
Ein besonders flacher Bildschirm, bei dem keine Kathodenstrahlröhre benutzt wird.

**Plotter**
Computergesteuerte Zeichenmaschine. Bei einem Plotter bewegt sich über dem Papier ein vom Computer gesteuerter Zeichenstift, mit dem sowohl Zeichnungen (Graphiken) als auch Schrift zu Papier gebracht werden können.

**PL1**
Programming Language 1
Höhere Programmiersprache.

**Prellen**
Wird ein einmal zu schließender Kontakt ungewollt mehrmals geschlossen, dann spricht man von Prellen. Das spielt insbesondere bei der Beurteilung von Tastaturen eine Rolle. Bei einer nicht entprellten Tastatur besteht die Gefahr, daß beim Drücken einer Taste das entsprechende Zeichen mehrmals auf dem Bildschirm erscheint bzw. eingegeben wird.

**Primärspeicher**
► Arbeitsspeicher

**Programmiersprache**
Zum Formulieren von Computerprogrammen geschaffene Sprache. Man unterscheidet Maschinensprachen, maschinenorientierte Sprachen und höhere Programmiersprachen.

**PROM**
**P**rogrammable **R**ead **O**nly **M**emory
Programmierbarer Festwertspeicher, der vom Anwender mit Hilfe spezieller Geräte programmiert werden kann, aber dann nicht mehr veränderbar ist. Teil des ► Arbeits- oder Hauptspeichers.

**Prozessor**
Funktionseinheit innerhalb der Zentraleinheit eines Personal-Computers, die ► Steuerwerk und ► Rechenwerk umfaßt. Bei Personal-Computern handelt es sich meist um ► Mikroprozessoren.

**Puffer**
Speicher für eine kurzfristige Aufnahme von Daten. Pufferspeicher werden insbesondere dann verwendet, wenn Komponenten eines Personal-Computersystems unterschiedliche Arbeitsgeschwindigkeiten haben, um diese Geschwindigkeitsunterschiede beim Datenaustausch auszugleichen.

**Quellprogramm**
Ursprüngliche Version eines Programms, meist in einer höheren Programmiersprache geschrieben. Mitunter definiert man auch: Ein Quellprogramm ist ein Programm, das nicht in Maschinensprache abgefaßt ist.

**RAM**
**R**andom **A**ccess **M**emory
Frei verfügbarer bzw. frei programmierbarer Speicher. Teil des ► Arbeits- oder Hauptspeichers.

**Rechenwerk**
Teil des ► Mikroprozessors, der die vom ► Steuerwerk erhaltenen Befehle in Form arithmetischer oder logischer Operationen ausführt.

**Rechnernetz**
Zusammenschluß von selbständigen Rechnern durch Datenübertragungsleitungen.

**Rechnerverbund**
► Rechnernetz

**ROM**
**R**ead **O**nly **M**emoy

Festwertspeicher. Aus ihm können nur die vom Hersteller abgespeicherten Daten bzw. Programme gelesen werden, aber nicht hineingeschrieben werden. Teil des ► Arbeits- oder Hauptspeichers.

**RPG**
Report Program Generator
Höhere Programmiersprache, vor allem für Personal-Computer.

**RS 232C-Schnittstelle**
Häufigste Schnittstelle zur seriellen Übertragung; bis maximal ca. 20m Entfernung.

**Schnittstelle**
Verbindungsstelle zwischen zwei Bauteilen, zwei Computern oder zwischen Zentraleinheit und angeschlossenen peripheren Geräten. Sie sind äußerlich als spezielle Stecker bzw. Kupplungsformen für die Verbindungsleitungen erkennbar. Wichtige Schnittstellen haben die Bezeichnungen ► Centronics, ► RS232C und ► IEEE.

**SCREEN DUMP**
► Hardcopy

**Sektor**
Eine ► Diskette bzw. ► Festplatte ist in Sektoren geteilt, in denen die Daten auf den ► Spuren abgelegt werden.

**Sekundärspeicher**
► externer Speicher

**Serielle Übertragung**
Verfahren zum Übertragen von Daten, bei dem die ► Bits nacheinander über eine Leitung übertragen werden.

**Simplex**
Datenübertragungsart, bei der die Übertragung von Daten nur in einer Richtung möglich ist.

**SLOT**
Platz (meistens: Stecker oder Steckleiste) zum Einfügen von Zusatzsteckkarten (für z.B. Arbeitsspeichererweiterung).

**Softsektorierung**
Bei einer Softsektorierung werden die ► Sektoren auf der Diskette durch den Computer festgelegt. Dabei geht Speicher-

platz dadurch verloren, daß die einzelnen Sektoren über einen "Vorspann" markiert werden müssen.

**Software**
Software ist der Oberbegriff für die in einen Computer einzugebenden Programme (Befehlsfolgen), mit denen die Datenverarbeitungsabläufe im Computer gesteuert bzw. geregelt werden.

**Speicherkapazität**
Kapazität eines Speichermediums ( ► Arbeits- oder Hauptspeicher; ► Diskette; ► Festplatte). Die Speicherkapazität wird im Regelfall in ► Byte oder ► Kilobyte oder ► Megabyte gemessen.

**Spur**
Daten werden auf ► Disketten oder ► Festplatten in Spuren, die konzentrische Kreise bilden, abgelegt. Standarddisketten verfügen über 40 oder 77 Spuren.

**Stammdaten**
Informationen, die sich nicht oder nur sehr selten ändern.

**Standardsoftware**
Auf dem Markt angebotene fertige Programme, die für bestimmte Problembereiche oder Branchen geschrieben wurden.

**Stapelbetrieb**
Systembetrieb eines Personal-Computers, bei dem die Eingabedaten sofort oder in gewissen Zeitabständen in den Computer eingegeben werden. Die Verarbeitung der Daten durch den Computer erfolgt erst dann, wenn sämtliche Eingabedaten im Computer sind.

**Steuerbus**
Interne Leitung zur Übertragung von Befehlen zur Computersteuerung.

**Steuerwerk**
Teil des ► Mikroprozessors, der die Reihenfolge der Befehlsausführung steuert, die Befehle entschlüsselt und die für die Befehlsausführung erforderlichen elektrischen Signale an die zuständigen Geräte gibt. Vom Steuerwerk werden die computerinternen Abläufe dirigiert.

**Synchrone Datenübertragung**
Verfahren zur Übertragung von Daten, bei dem zwischen sendender und empfangender Station ein Gleichlauf besteht. Die Daten werden im gleichen Takt empfangen, wie sie abgesendet werden.

**Systemsoftware**
Sammelbegriff für alle Programme, die der Koordination und Verwaltung der Hardwarekomponenten eines Personal-Computers dienen. Zur Systemsoftware gehört insbesondere das ► Betriebssystem.

**Takt**
Im ► Zentralprozessor jedes Computers befindet sich ein Taktgeber oder Taktgenerator, der elektrische Impulse in festen Zeitabständen aussendet und damit die Durchführung von Operationen auslöst. Alle rechnerinternen Vorgänge werden in diesem Takt abgewickelt. Dadurch wird eine Synchronisierung aller rechnerinternen Vorgänge erreicht.

**Terminal**
Gerät, über das die Eingabe in einen Computer oder die Ausgabe von Datenverarbeitungsergebnissen erfolgt. Terminals bestehen vielfach aus Bildschirm und Tastatur ( ► Bildschirmterminal).

**Thermodrucker**
Drucker, bei dem die Schrift unter Verwendung eines speziellen Papiers "eingebrannt" wird.

**Timesharing**
Betriebsart eines Personal-Computers, bei dem die Zentraleinheit zeitlich nacheinander verschiedenen Benutzern zugeteilt wird. Jeder einzelne Benutzer hat dabei das Gefühl, daß der Rechner ihm allein zur Verfügung steht. ( ► Mehrprogrammbetrieb).

**Tintenstrahldrucker**
Drucker, bei dem die Schriftzeichen durch das Aufspritzen feiner Tintentropfen mit einer speziellen Düse erzeugt werden.

**Touchterminal**
Bildschirmterminal, bei dem Informationen durch Berühren des Bildschirms bzw. der Bildschirmoberfläche eingegeben werden können.

**Traktorführung**
Vorrichtung zum Transportieren von Endlospapier. Endlospapier hat auf beiden Seiten eine Transportlochung. Zur Traktorführung gehören zwei Stachelräder oder Stachelbänder auf beiden Seiten, die das Papier mit Hilfe der Transportlochung bewegen.

**Typenraddrucker**
Mit einer Typenradschreibmaschine vergleichbarer Drucker, bei dem die Schriftzeichen über ein Typenrad erzeugt werden.

**Übersetzungsprogramm**
Zur Systemsoftware eines Personal-Computers gehöriges Programm, das dazu dient, in Assembler oder einer höheren Programmiersprache geschriebene Programme in die Maschinensprache zu übersetzen. Bei Übersetzungsprogrammen wird unterschieden zwischen ► Compilern und ► Interpretern.

**UNIX**
Betriebssystem für Personal-Computer, die als Mehrplatzsysteme installiert werden.

**Updating**
Ein Programm oder Daten auf den neuesten Stand bringen bzw. aktualisieren. Das kann durch Ergänzen, Verändern, Löschen usw. geschehen.

**Winchesterplatte**
► Festplatte

**Zeichensatz**
Menge der zur Darstellung von Informationen zur Verfügung stehenden Symbole. Bei einer Schreibmaschine z.B. die Buchstaben des Alphabets, Ziffern, Satzzeichen und Sonderzeichen. Der Zeichensatz wird bestimmt durch
den **Zeichenvorrat** (Buchstaben, Ziffern, Sonderzeichen etc.),
den **Zeichenfont** ("Schriftart", z.B. Helvetia, Fraktur) und
die **Ausführungsart** (z.B. normal, fett, kursiv).

**Zeittakt**
► Takt.

**Zentraleinheit**
Sie ist das Gehirn des Personal-Computers und steuert alle rechnerinternen Abläufe sowie die Ein- und Ausgabe und übernimmt die eigentliche Verarbeitung der Daten. Die Zentral-

einheit besteht aus ► Steuerwerk, ► Rechenwerk (beide zusammen ergeben den ► Zentralprozessor), dem ► Eingabewerk und dem ► Ausgabewerk sowie dem ► Arbeits- oder Hauptspeicher.

**Zentralspeicher**
► Arbeitsspeicher

**Zugriffszeit**
Zeit, die benötigt wird, um Daten aus einem Speicher in den ► Mikroprozessor einzulesen.

# Stichwortverzeichnis

Die Seitenzahlen in diesem Stichwortverzeichnis verweisen auf den eigentlichen Text dieses Leitfadens. Zusätzlich ist auf die Begriffserläuterungen im Glossar zu verweisen.